Thomas S. McCall / Zola Levitt:

WIRD DER DRITTE TEMPEL GEBAUT?

THOMAS S. McCALL / ZOLA LEVITT

Wird der dritte Tempel gebaut?

VERLAG HERMANN SCHULTE WETZLAR

Die amerikanische Originalausgabe erschien unter dem Titel
„Satan in the Sanctuary" im Verlag Moody Press, Chicago
© 1973 by The Moody Bible Institute of Chicago
© der deutschen Ausgabe 1974 beim
Verlag Hermann Schulte Wetzlar
Aus dem Amerikanischen von Marga Schmoll

ISBN 3-87739-260-1
1. Auflage März 1974
Umschlaggestaltung und Illustrationen: Anselm Schönfeld
Satz: graphoprint KG, Wetzlar
Herstellung: Cicero Presse, Hamburg 20
Printed in Germany

INHALT

mias Klage damals – und heute? · Unbelehrbare
Menschheit.

VORWORT

Als die Verfasser dieses Buch schrieben, konnten sie nicht wissen, daß inzwischen ein neuer arabisch-israelischer Krieg – der Yom-Kippur-Krieg – die Situation auf der Welt weiter verschärfen und die Entwicklungen im Blick auf Israel und den Bau des Tempels noch schneller vorantreiben würde. Durch diese Ereignisse sind viele Menschen fragend geworden. Dieses Buch erscheint deshalb zur richtigen Zeit.

Solange in der verbissenen Auseinandersetzung zwischen Arabern und Israelis auf militärischem Wege keine Entscheidung herbeigeführt werden kann, wird der Krieg auf wirtschaftlichem und diplomatischem Gebiet weiter ausgetragen werden. Heute ist bereits die ganze Welt mehr oder weniger in diesen Kampf mit einbezogen. Der Ölboykott der arabischen Ölförderstaaten hat beispielsweise viele bisher mehr oder weniger unbeteiligte Nationen gezwungen, sich in Erklärungen gegen Israel auszusprechen und die Rückgabe aller besetzten Gebiete einschließlich der Altstadt Jerusalems zu fordern. Nicht nur die neun Staaten der Europäischen Gemeinschaft haben unter arabischem Druck eine israelfeindliche Politik eingeschlagen, sondern auch Japan und zahlreiche Länder der „Dritten Welt".

Besonders bemerkenswert ist auch die Verlagerung des politischen Schwerpunkts in den Mittelmeerraum. Bereits zur Zeit des Römischen Reiches, als der zweite Tempel zerstört wurde, war das einmal der Fall. Im Verlauf der Weltgeschichte ist der Brennpunkt der großen politischen Entscheidungen um den ganzen Erdball gewandert – von den großen Kulturen Vorderasiens in den Mittelmeerraum, dann nach Westeuropa, wo er bis zum Ende des Zweiten Weltkriegs blieb; dann nach den USA (erste Nachkriegszeit), dann nach Ostasien (Korea-Krieg, Vietnam-Krieg), und schließlich ist er heute wieder im Mittelmeerraum angelangt. Daß gerade heute die Verlagerung des politischen Schwerpunkts in den Mittelmeerraum stattgefunden hat, ist kein Zufall. Die Kulissen für die Bühne, auf der sich das Drama des endzeitlichen Geschehens in und um Israel abspielen wird, sind aufgestellt.

Die Wurzeln des abgrundtiefen Hasses zwischen Arabern und Juden liegen letztlich auf religiösem Gebiet. Bei der Eröffnung des Hadsch, des großen mohammedanischen Pilgerfestes in Mekka, rief König Feisal von Saudi-Arabien zur Befreiung der heiligen Stätten in Jerusalem auf. Er sagte u. a.: „Die Juden haben weder einen religiösen noch einen historischen Anspruch auf Jerusalem . . . Ihr einziges Heiligtum, der Tempel Salomos, wurde von den Römern beseitigt, als sie Jerusalem besetzten . . . Deshalb hat Israel kein Recht, in der heiligen Stadt zu leben . . . Die Moslems in aller Welt müssen dafür kämpfen, die heiligen Stätten Jerusalems zu erretten und die Aggression zu tilgen, welche die Feinde Gottes der heiligen Stadt zugefügt haben."

Wer sich die Mühe macht, diese Entwicklungen eingehend zu verfolgen, wird selbst bei großer Skepsis gegenüber der Bibel die in diesem Buch dargestellte Geschichte der vier Tempel Gottes in Jerusalem mit „neuen Augen" lesen. Er wird erkennen, daß Gott dabei ist, seine Prophezeiungen, die er durch seine heiligen Propheten verkündigen ließ, Schritt für Schritt zu erfüllen.

Was das für jeden Menschen – sei er nun Christ oder Nichtchrist – bedeutet, wird der Leser diesem Buch entnehmen können.

Noch ist es Zeit, die Konsequenzen zu ziehen!

Der Herausgeber

EINFÜHRUNG

Zu allen Zeiten haben sich Menschen über die Zukunft Gedanken gemacht, doch in unseren Tagen verwandelt sich diese natürliche Neugierde in Besorgnis. Wohin führt unser Weg? Was bringt uns die Zukunft? Was wird aus unserer Welt?

Ein verstärktes Interesse für zeitgenössische Propheten ist zu verzeichnen, die von sich behaupten, wichtige Ereignisse des zukünftigen Weltgeschehens voraussagen zu können. Auch die Astrologie macht immer mehr von sich reden. Ihre Voraussagen scheinen sich allerdings mehr auf die persönliche Sphäre zu konzentrieren.

Auch das Interesse an biblischer Prophetie als Mittel, die Zukunft zu erkennen, ist sprunghaft angestiegen. Heutzutage kennen sich nicht nur einzelne Bibelgelehrte oder Bibelschüler in den Visionen Daniels oder der Offenbarung aus.

Eine Reihe wichtiger Bücher ist erschienen, die sich mit den allgemeinen Ergebnissen biblischer Prophetie auseinandersetzen, darunter Hal Lindseys Mahnbuch „Alter Planet Erde wohin?" Sie weisen alle mit Recht auf die erregenden Voraussagen der Bibel für unsere Zeit hin.

Die Bibel ist ein Jahrtausende altes, ehrwürdiges Buch. Zumindest ihrer literarischen Qualität, wenn schon nicht ihrer Botschaft wegen, ist ihr stets Anerkennung entgegengebracht worden. Neuerdings hat sich das Interesse an der Bibel noch verstärkt. Während die Weltgeschichte unablässig abläuft, entdecken viele allmählich, daß die Bibel für sie eine persönliche Botschaft enthält.

Man wird an den heiteren Ausspruch des amerikanischen Schriftstellers und Humoristen Mark Twain über seinen Vater erinnert. „Mit vierzehn", erzählt er, „stellte ich fest, daß mein Vater ein hoffnungsloser Trottel sei.

Es war geradezu peinlich, mit ihm gesehen zu werden. Mit einundzwanzig konnte ich nur staunen, was er in den sieben Jahren inzwischen alles dazugelernt hatte."

Auch die Bibel scheint in den Augen vieler Menschen in letzter Zeit eine Menge „dazugelernt" zu haben. Die Wiederherstellung Israels, die Bildung der „Europäischen Gemeinschaft", der Sechs-Tage-Krieg, der Aufmarsch Rußlands gegen Israel, die ökumenische Bewegung, das häufigere Auftreten von Erdbeben sowie zahlreiche andere weltweite Entwicklungen sind alle in der Bibel vorausgesagt. Und was noch wichtiger ist, sie alle werden uns als Zeichen der Endzeit genannt. Es ist, als würde hier die Bühne für den letzten Akt von Gottes Plan für die Menschheit aufgebaut. Weltereignisse ordnen sich ein wie Teile eines riesigen Puzzlespiels.

Dieses Buch beschränkt sich darauf, die Möglichkeiten für den Wiederaufbau des Tempels in Jerusalem aufzuzeigen. Mit dem Sechs-Tage-Krieg, in dem Israel den alten Tempelplatz in der Jerusalemer Altstadt zurückerobern konnte, ist der mögliche Wiederaufbau des Tempels in den Brennpunkt des Interesses gerückt. Im folgenden werden die Verheißungen zu diesem großen baulichen Ereignis ausführlich untersucht und mit den gegenwärtigen Vorgängen im Heiligen Land in Beziehung gebracht.

Es ist den Verfassern ein Anliegen, allen Lesern – Christen wie Nichtchristen gleichermaßen – die Botschaft nahezubringen, daß das Wort Gottes ungeachtet aller Zweifel in Erfüllung geht und daß die heute lebenden Menschen Zeugen dieser Erfüllung sein dürfen.

Mögen viele Leser durch dieses Buch zum Glauben an den einen lebendigen Gott finden, der das Geschick aller Völker in Händen hält, seine Verheißungen ausnahmslos erfüllt und sich in Jesus Christus, seinem Sohn, geoffenbart hat.

10

DER TEMPEL DER GROSSEN TRÜBSAL

Juni 1967. Das Maschinengewehr in der Hand, Tränen der Rührung in den Augen, springt ein israelischer Fallschirmjäger durch die schmalen Gassen der Altstadt Jerusalems. Er stürzt auf eine Mauer zu – die Klagemauer, ein Überbleibsel des großen Herodianischen Tempels. Innerhalb dieser Mauern hatten einst die Priester des alten Judentums gestanden. Hier stand auch einst Jesus Christus und lehrte das Wort Gottes.

Umstrittenes Fleckchen Erde: der Tempelplatz

Ägyptische Truppen, Assyrer, Babylonier, Römer, Araber, die Kreuzritter, Türken, Engländer und die Araber der Gegenwart – alle hatten um dieses von zahlreichen Schlachten gezeichnete, etwa 140 000 Quadratmeter große Stückchen Erde gerungen. Seit 3 000 Jahren wüten Kriege um den Tempelplatz.

Warum? Wozu?

Die Antwort liegt in dem, was sich in naher Zukunft an dieser Stelle abspielen wird. Aber man muß auch wissen, daß dieser Ort seit eh und je von großer Bedeutung gewesen ist. Gott wollte, daß sein erster großer Tempel genau an dieser Stelle errichtet würde. Hier an diesem Ort hatte er seinen treuen Knecht Abraham der härtesten aller Prüfungen unterzogen – ob er bereit war, seinen einzigen Sohn zu opfern. Dann bestand Gott selbst die

Prüfung: Er sandte seinen einzigen Sohn auf denselben Berg, damit dieser verspottet, zum Tode verurteilt und am Kreuz hingerichtet würde.

Auf diesem Berg ließ Gott – wie er es durch die großen jüdischen Propheten angekündigt hatte – den Tempel zweimal bauen und wieder zerstören.

Die Moslems besaßen beinahe ebenso große Ehrfurcht vor dieser einzigartigen Stätte wie vor ihnen die Juden. Sie bauten den gewaltigen Felsendom, eine bemerkenswert schöne Kultstätte, und hielten ihn 1300 Jahre lang instand. Er steht mitten auf dem Tempelplatz. Auch die Moslems führten Kriege, zum Beispiel mit den Kreuzrittern Europas, die fest entschlossen waren, Gottes heiligen Boden aus den Händen der Ungläubigen zu retten. Im 12. Jahrhundert benutzten die Christen Europas den Felsendom als Kirche, bis sie ihn schließlich in einem grausamen Krieg an die Mohammedaner abtreten mußten.

Kriege unvorstellbaren Ausmaßes

Doch im Vergleich zu dem, was auf uns zukommt, sind dies lediglich harmlose Gefechte. Der Tempelplatz wird in naher Zukunft Schauplatz eines gewaltigen Weltereignisses sein. Das bestialischste Ungeheuer, das die Welt jemals erlebt hat, der Antichrist, wird vom Heiligtum Besitz ergreifen. Der Tempelplatz wird einer der Hauptstreitpunkte sein, die zur Schlacht von Harmagedon führen.

Die letzten Kapitel politischer, militärischer und religiöser Weltgeschichte werden sich um den Ort drehen, an dem einst die alten Tempel gestanden haben. An der gleichen Stelle wird ein prächtiger neuer Tempel erstehen, der den berühmten Gotteshäusern vergangener Zeiten durchaus ebenbürtig sein wird. Ein mächtiger Weltführer

12

Die Klagemauer ist ein Teil der Westwand des Herodianischen Tempels. Bis zu einer Höhe von 12 m stammt die insgesamt 18 m hohe Mauer aus der herodianischen Zeit.

wird mit seiner anziehenden Persönlichkeit eine Friedensformel für das Israel-Problem finden und sich schließlich in einen schrecklichen Diktator verwandeln. Sein Fanatismus wird den eines Adolf Hitler weit in den Schatten stellen. Im dritten Tempel wird er sich zum Gott ausrufen lassen und von allen Völkern Huldigung und Anbetung verlangen. Die ganze Welt wird von ihm in Kriege unvorstellbaren Ausmaßes verwickelt werden. Alle bisherigen Kriege zusammen werden nicht im entferntesten an die bevorstehende Massenvernichtung heranreichen.

Der Tempel in Jerusalem wird in diesem Drama wie immer in der Geschichte eine Hauptrolle spielen.

Dieser gewaltige Krieg wird die sichtbare Wiederkunft Jesu Christi anzeigen. „Und wenn jene Tage nicht verkürzt würden, so würde kein Fleisch errettet werden", bemerkt Jesus traurig in Matthäus 24, 22. Jesus wird diesen neuen Tempel – den Tempel der Großen Trübsal – hinwegfegen und ihn durch sein eigenes Haus auf Erden ersetzen.

Verstehen, was heute in der Welt geschieht

Im vorliegenden Buch wollen wir auf drei Fragen besonders eingehen: Wie weit ist die Zeit für den Bau des dritten Tempels bereits vorgerückt? Was sagen die großen Propheten der Bibel – ihre Voraussagen sind bisher lückenlos eingetroffen – über die bevorstehenden Ereignisse? Und schließlich: Wie wird das Ende der Welt aussehen?

Heute, da die Pläne für den Wiederaufbau des Tempels möglicherweise unmittelbar vor ihrer Verwirklichung stehen, ist es für jeden von höchster Wichtigkeit, Verständnis dafür zu bekommen, wie sehr die weltgeschichtlichen Ereignisse ihrem Höhepunkt zustreben. Mehr denn je zuvor ist es für den einzelnen eine Lebensfrage, sich mit

Der Felsendom wurde in den Jahren 688 bis 692 nach Christus von Abd Al Malik erbaut. Er steht auf der Stelle, an der sich früher der Tempel befand. Die Zerstörung des Felsendoms ist Voraussetzung für die Aufrichtung des dritten Tempels.

15

dem Wort Gottes zu beschäftigen und zu erkennen, daß die Voraussagen der Bibel in der Vergangenheit in Erfüllung gegangen sind und auch in Zukunft in Erfüllung gehen werden. Es ist von entscheidender Bedeutung, daß wir um die größte Wahrheit unserer Zeit wissen – nämlich, daß Gott siegen und seinen geoffenbarten Plan ausführen wird.

Durch ein klares Verständnis dieser Wahrheit können Sie nicht nur die kommenden furchtbaren Ereignisse, sondern auch die Möglichkeit erkennen, wie Sie dem Zorn Gottes noch entfliehen können.

„Und ihr werdet die Wahrheit erkennen, und die Wahrheit wird euch frei machen" (Johannes 8, 32).

2

DIE ZEIT IST GEKOMMEN

Nur Jesus Christus besaß die Fähigkeit, Prophetie vorsätzlich zu erfüllen. Im Laufe seiner Lehrtätigkeit wies er mehrfach darauf hin, daß bestimmte Dinge mit ihm geschehen müßten, „damit die Schrift erfüllt würde". Es wird uns immer versagt bleiben, die Erfüllung von Gottes Verheißungen selbst herbeizuführen, aber wir können in das Wort Gottes hineinschauen und erkennen, wie es sich in unseren Tagen Schritt für Schritt erfüllt.

Der 7. Juni 1967, der Tag, an dem die Truppen Israels den alten Tempelplatz eroberten, wird ein solcher Tag gewesen sein. Es war der Tag, an dem die Juden nach fast 2000 Jahren endlich „heimkehrten". Es könnte der Anfang vom Ende der „Zeit der Heiden" gewesen sein.

In Lukas 21 Vers 24b sagt Jesus:

„Jerusalem wird zertreten werden von den Heiden, bis die Zeiten der Heiden erfüllt sind."

Der Tempelplatz in der Hand der Juden

Welch ein erregender Anblick muß sich dem Zuschauer dieser Rückeroberung geboten haben! Die letzten jüdischen Truppen, die im Jahre 70 nach Christus den Tempel verteidigten, hatten mit Schwertern und Speeren gekämpft. Nun rückten ihre Nachfahren mit Granatwerfern und vollautomatischen Waffen an, um die auserwählte Stätte Gottes zurückzugewinnen.

Während ihre Feinde flohen, suchten manche Truppenteile die Westmauer. Sie fanden sie nicht sofort, da den Juden der Zutritt zur Altstadt Jerusalems zwanzig Jahre lang verwehrt worden war. Die bekannten israelischen Touristenführer waren pausenlos im Einsatz, um den erschöpften Soldaten den Weg zur Klagemauer zu zeigen. Bald fanden sich dort sowohl die führenden Politiker als auch die Rabbiner ein. Wie ein Lauffeuer verbreitete sich die Nachricht durch ganz Israel. Gott hatte sein auserwähltes Volk an die heilige Stätte zurückgeführt.

Damit war auch der Wiederaufbau des neuen Tempels – des dritten, des Tempels der Großen Trübsal – in den Bereich des Möglichen gerückt.

„Solange sich die Altstadt [der Stadtteil Jerusalems mit dem Tempelplatz] in jordanischen Händen befand, konnte man den alten Traum eines neuerbauten Tempels ruhig weiterträumen", stellte kürzlich der Leitartikel einer amerikanischen Zeitschrift fest. „Doch mit der Vereinigung ganz Jerusalems unter jüdischer Herrschaft hat der Traum realistische Konturen angenommen. Die Herausforderung zum Wiederaufbau des Tempels stellt sich seitdem unausweichlich. Allerdings sind damit schwierige politische und religiöse Fragen verbunden."

Wir müssen uns einmal den gewaltigen Unterschied zwischen unserer heutigen Zeit und dem Ablauf der Jahrhunderte seit 70 nach Christus, dem Jahr der Zerstörung des zweiten Tempels, vor Augen führen. Nahezu 1900 Jahre lang gab es keinen vernünftigen Hinweis darauf, daß sich die Verheißungen bezüglich des Tempels der Großen Trübsal erfüllen könnten. Die Juden waren wie Sandkörner in einem Wirbelsturm weggefegt worden. In den 1900 Jahren waren sie über die ganze Erde zerstreut worden. Überall von Sibirien bis San Francisco hatten sie sich niedergelassen. Darum konnten sie den

Wiederaufbau des Tempels nie ins Auge fassen. Viermal in der Woche flehten sie ernsthaft zu Gott, er möge ihnen die alten Zeiten wiedergeben. Ausdauer und Glaube der Juden sind nur vergleichbar mit der Haltung der Christen, die auf den wiederkommenden Herrn warten.

Doch seit 1948 haben die Ereignisse eine dramatische Wende genommen. Heute besitzen die Juden wieder das Land der Verheißung und haben damit die Möglichkeit, ihr Leben wieder so zu gestalten wie in alten Zeiten.

Seit 1967 ist sogar der alte Tempelplatz wieder in ihren Händen.

Die prägnante Voraussage in Lukas 21, Vers 24a, wird uns ins Gedächtnis gerufen, mit der uns Jesus einen Überblick über diese Situation gibt:

„Und sie werden fallen durch die Schärfe des Schwerts und gefangen weggeführt werden unter alle Völker ... bis die Zeiten der Heiden erfüllt sind."

Es ist atemberaubend, wie weitreichend die Vorausschau Jesu war! Die Weissagung ist ganz klar in Erfüllung gegangen. Die Juden sind wieder im Besitz des Tempelplatzes, und nach den Worten des Oberbefehlshabers ihrer Streitkräfte, Moshe Dayan, soll „keine Macht auf Erden" sie von dieser Stelle wieder vertreiben.

Voraussagen über den Zeitpunkt des Tempelbaus

Den Juden ist nicht entgangen, daß der Wiederaufbau des Tempels heute eine echte Möglichkeit darstellt. Rabbi Sinai Halberstam schreibt in „The Jewish Press" vom 2. August 1968: „Als sich Jerusalem unter fremder Herrschaft befand, erhob sich immer wieder die Frage: 'Wann können wir unseren geliebten Tempel wieder aufbauen?'

Diese Frage stellt sich uns heute noch drängender, in einer Zeit, in der durch die Gnade des Allmächtigen Jerusalem wieder jüdischen Händen anvertraut ist.

Der Tempelboden befindet sich wieder in der Gewalt der Nachkommen jener, die einst auf dem Berg Sinai gestanden haben. Wann wird der Tempel wieder aufgebaut?"

Nur einen Monat nach dem Sechs-Tage-Krieg erörterte das Wochenmagazin „Time" – gewöhnlich keine besonders wertvolle Bezugsquelle für biblische Kommentare – in einem Artikel mit der Überschrift „Wird der Tempel wieder aufgebaut?" die Möglichkeiten für eine Verwirklichung dieses Ziels der Juden in aller Welt. Am 30. Juni 1967 stellte das angesehene Wochenblatt die Frage: „Vorausgesetzt, Israel behält die Westmauer, einen der wenigen noch vorhandenen Reste des zweiten jüdischen Tempels, sollte dann nicht die Zeit gekommen sein, um den dritten Tempel wieder aufzubauen?"

Ein israelischer Fremdenführer berichtete über die kürzliche Wiedereinweihung der größten jüdischen Synagoge im jüdischen Viertel der Jerusalemer Altstadt. Er und Hunderte Israelis hatten dem Einweihungsakt beigewohnt. Die Versammelten horchten auf, als der amtierende Rabbi voraussagte: „Genau wie zu unseren Lebzeiten die Stadt wiedervereinigt worden ist, so wird auch der Wiederaufbau des Tempels zu unseren Lebzeiten abgeschlossen werden."

In dem bereits genannten Artikel hält „Time" Rückschau über die 1900 Jahre der Hoffnung, die über die in der Zerstreuung lebenden Juden hinweggegangen sind, und meint: „Obgleich der Zionismus eine überwiegend weltliche Bewegung darstellte, war das Gebet der Juden um Rückkehr nach Palästina zum Wiederaufbau des Tempels eine seiner stärksten Grundlagen."

20

Im Blick auf die Situation im Jahre 1967 fährt „Time"
fort: „Israel ist durch das ganze Geschehen der letzten
Tage so ermutigt, daß einige Juden einleuchtende theolo-
gische Gründe zu erkennen glauben, um den Wiederaufbau des Tempels ernsthaft in Erwägung zu ziehen.
Ihren Standpunkt begründen sie mit der Behauptung, für
Israel habe bereits das 'Messianische Zeitalter' begonnen
(die Zeit des Kommens des jüdischen Messias, die nach
jüdischer Theologie noch aussteht). Demzufolge haben
auch im Jahre 1948 die Oberrabiner in Israel entschieden,
daß mit der Gründung des jüdischen Staates und der
Sammlung der Juden aus dem Exil das Zeitalter der Erlösung begonnen habe."

Heute sind viele religiöse Führer in Israel der Überzeugung, daß mit dem Sieg Israels im Jahre 1967 das
Judentum diesen Punkt weit überschritten habe. Hier
die Meinung des Historikers Israel Eldad: „Wir sind an
dem Punkt angelangt, an dem David war, als er Jerusalem
befreite. Von jenem Zeitpunkt an bis zum Bau des Tempels durch Salomo verging nur eine Generation. So wird
es auch diesmal sein." Und was wird aus dem mohammedanischen Heiligtum, das mitten auf dem Tempelplatz
steht? Eldads Antwort: „Diese Frage bleibt natürlich noch
offen. Wer weiß? Vielleicht gibt es ein Erdbeben."

Beachten Sie bitte: Unsere Zeit wird hier mit der Zeit
Davids und Salomos verglichen, als ganz Israel gespannt
auf die Errichtung des ersten Tempels wartete. Unsere
Generation ist, wie die des Königs David, die Generation
der Befreiung. Die nächste wird in den Augen des jüdischen
Gelehrten wie die des Königs Salomo sein. Sie wird die
eigentlichen Bauarbeiten übernehmen.

Überraschende archäologische Funde

Die heutige Situation in Israel liefert zahlreiche Hinweise dafür, daß der Wiederaufbau des Tempels eine echte Möglichkeit darstellt. Die Verfasser hatten Gelegenheit, mit zwei Augenzeugen der Ausgrabungsarbeiten am Tempelberg zu sprechen. Sie hatten, während die Arbeiten ihren Fortgang nahmen, seltsame Geschehnisse festgestellt.

Dr. Roy Blizzard, von Beruf Archäologe und Mitglied des Lehrkörpers der Universität von Texas, ist seit Beginn der Ausgrabungen im Jahre 1968 dabeigewesen. Während dieser Zeit hat er eng mit dem Leiter des Projekts, Dr. Benjamin Mazar von der Hebräischen Universität in Jerusalem, zusammengearbeitet.

„Dr. Mazar erklärte mir im Sommer 1972, daß die Arbeiten am Tempelplatz noch weitere fünf Jahre in Anspruch nehmen würden, ehe an ein Ende der Ausgrabungen zu denken sei", berichtete Dr. Blizzard. „In den bisherigen vier Jahren waren die Ausgrabungsmannschaften das ganze Jahr hindurch im Einsatz. Sie haben viele Beweisstücke aus der Geschichte der West- und Südmauer des Tempels freilegen können, die aus der Zeit des Herodianischen und möglicherweise sogar Salomonischen Tempels stammen."

In den archäologischen Zeitschriften ist viel über diese Arbeiten geschrieben worden. Doch die Archäologen halten sich sehr zurück, wenn die Gespräche auf die Arbeit am Tempelplatz kommen. Grund hierfür ist der politische Druck, den das Rabbinat ausüben könnte. Diese Verschwiegenheit steht im Gegensatz zu der allgemeinen Gesprächsbereitschaft bei anderen Ausgrabungsarbeiten in Israel.

Die Öffentlichkeit kann den Arbeiten aus der Ferne

zuschauen. Das Betreten des Geländes ist jedoch nur Archäologen, hochgestellten Persönlichkeiten und Personen mit Sondergenehmigung gestattet. Einige Tunnel unter dem Tempelberg wurden bis zu einer bestimmten Stelle freigelegt und dann einfach mit Holzverschlägen abgesperrt. Wegen politischer Spannungen oder auch wegen der Heiligkeit des Tempelplatzes hat man die Tunnel blockiert.

Weshalb umgibt man diese archäologischen Funde mit einem solchen Schleier des Geheimnisvollen?

Archäologen brennen doch im allgemeinen darauf, ihre Funde zu zeigen und aller Welt ihre Entdeckungen mitzuteilen. Bei anderen Ausgrabungen in Israel ist das die Regel.

Wir vermuten, daß der Schleier des Geheimnisvollen, der den Tempelplatz umgibt, nicht allein dessen Heiligkeit zuzuschreiben ist, sondern daß auch der Gedanke an einen Wiederaufbau des Tempels dabei eine Rolle spielt.

Die Verfasser sprachen mit einem israelischen Fremdenführer, der in den Tunneln gewesen war. Er hatte sowohl Dr. Benjamin Mazar als auch Rabbi Dov Perla, den Leiter der israelischen Regierungsstelle für Heilige Stätten und Altertümer, einer Unterabteilung des Religionsministeriums, zu den Ausgrabungen am nördlichen Teil der Westmauer begleitet. Sein Bericht über die Funde, die die Ausgrabungen zutage gefördert haben, mag dazu dienen, eine Vorstellung über Größe und Pracht der früheren Tempel zu gewinnen.

„Bei den Grabungen an bestimmten Abschnitten der West- und Südmauer legten die Archäologen ein höchst interessantes Netz unterirdischer Gänge frei. Ich habe sie selbst besichtigt. Einer der Gänge scheint ein Durchgang gewesen zu sein, den der Hohepriester benutzte, um von seiner Wohnung in den Priesterhof zu gelangen. Eine besondere Bedeutung besaß dieser Tunnel am Tag der Versöhnung, an dem sich der Hohepriester durch Berührung mit dem Volk nicht verunreinigen durfte. An diesem Tag mußte er für seine Aufgabe, stellvertretend für alle Juden zu opfern, völlig rein und unbefleckt sein. Andere Tunnel wiederum waren nicht als Durchgang bestimmt, sondern dienten der Kanalisation. Die verschiedenen Tunnel bildeten ein hochentwickeltes Kanalisationssystem. Der Tempel von Salomo und der des Herodes verfügten über komplizierte Anlagen, mit denen das Wasser gespeichert und vom Tempelgelände in das nahegelegene Kidrontal abgeleitet werden konnte. Das 'eherne Meer', das große gegossene Becken vor dem Tempel, mußte regelmäßig geleert und mit ungeheuren Mengen von Wasser neu gefüllt werden. Außerdem mußte der Opferaltar, der das Blut der Opfertiere und die Verbrennungsrückstände auffing, allabendlich von den Priestern abgewaschen und abgespült werden. Diese Einrichtungen erforderten ein für die damalige Zeit recht umfangreiches Entwässerungssystem. Ich habe die Entwässerungstunnel besichtigt und konnte aufrecht darin stehen. Ihre Höhe beträgt fast zwei Meter. Man schätzt, daß die in Zisternen und Behältern im Tempelberg gespeicherte Wassermenge insgesamt 45 Millionen Liter betrug.

Bei den Ausgrabungen entdeckte man ferner Spuren und Hinweise auf Gewichte und Maße, die Jahrtausende lang nicht genau bekannt waren", fuhr der Touristenführer fort. „Das Gesetz Moses machte ein sehr genaues Maß- und Gewichtssystem für die Tempelriten erforderlich. Getreide und andere Opfergaben mußten exakt gewogen und bemessen werden. Die genaue Größenordnung vieler überlieferter Maße und Gewichte lag jedoch 1900 Jahre im Dunkel.

Selbst wenn noch einmal ein Tempel gebaut würde,

so fragten sich einst die Juden, wie sollte man dann die betreffenden Gesetzesvorschriften befolgen können? Bei den Ausgrabungen wurden Münzen und Steingewichte mit hebräischen Inschriften gefunden, von denen einige sogar aus vorgeschichtlicher Zeit stammen. Heute kennt man das genaue Gewicht eines 'Scheffels' sowie einer Reihe anderer wichtiger Gewichts- und Maßeinheiten. Dabei haben die Ausgrabungen erst begonnen!

Die Stufen, die durch die Südmauer zum Huldator führen, sind ebenfalls freigelegt worden. Es sind zweifellos die Stufen, auf denen Jesus und die Apostel zum Tempel emporstiegen. Im Gegensatz zu den Toren an der Westmauer, die nur von den Priestern und Mitgliedern des Königshauses benutzt werden durften, diente das Huldator dem einfachen Volk als Zugang zum Tempel."

Israel vom Tempelfieber gepackt

Der Fremdenführer erläuterte eine weitere überraschende Entwicklung in Israel, die in Verbindung mit den Tempelausgrabungen steht:

„Man ist dabei, systematisch Informationsmaterial über die früheren Tempel zu sammeln und es regelmäßig durch neue Entdeckungen zu ergänzen. In den Yeshivas und den Hörsälen jüdischer Universitäten wird großer Wert auf gründliche Kenntnis über den Tempel gelegt mit dem Ziel, das Volk auf den rechten Tempelgottesdienst vorzubereiten. Das Volk ist geradezu von einem Tempelfieber gepackt."

Obgleich dieses Interesse angesichts der jüngsten Entdeckungen eine ganz natürliche Sache ist, kann nicht nur der Stolz auf die große geschichtliche Vergangenheit des jüdischen Volkes die treibende Kraft sein. Nehmen wir einmal an, der Tempel würde tatsächlich in Kürze gebaut, würden dann jene Juden, die nicht den alttestamentlichen Tempelgottesdienst kennengelernt haben, dieses Ereignis in seiner ganzen Tragweite verstehen und würdigen können?

Wir vermuten, daß das gesteigerte Interesse und intensive Studium ganz praktische Gründe hat. Der Tempelgottesdienst hat einen bestimmten Ritus und erfordert eine ganz genaue Kenntnis aller Einzelheiten. Es ist naheliegend, daß dem Volk durch entsprechende Ausbildung das rechte Verständnis dafür vermittelt werden soll, und zwar im Blick auf den Zeitpunkt, da der dritte Tempel stehen wird.

Gründung eines Vereins für den Wiederaufbau des Tempels

Einen noch deutlicheren Hinweis darauf, daß eine noch weithin unbewußte Sehnsucht nach dem Wiederaufbau des Tempels in Israel vorhanden ist, liefert uns die Juli-Ausgabe des „Yanetz"-Gebetsbriefes aus dem Jahre 1972. Dieses Nachrichtenblatt, das in Jerusalem von Christen herausgegeben wird, zitiert seinerseits die israelische Tageszeitung „Maariv" vom 21. März 1972. Es ist der Bericht eines echten Wiederaufbauversuchs:

„Seit dem Sechs-Tage-Krieg sind uns zahlreiche Gerüchte und falsche Berichte über den Wiederaufbau des Tempels in Jerusalem zu Ohren gekommen, bis hin zu der Meldung, daß in den USA bereits die Steine gehauen würden. Nichts davon ist wahr. Es zeigen sich jedoch die ersten Anzeichen eines regeren Interesses bei einer Anzahl israelischer Juden. Sie streben den Wiederaufbau des Tempels allen Ernstes an. Im folgenden bringen wir Auszüge aus der Ausgabe vom 21. März 1972 der Tageszeitung ‚Maariv', Auszüge, die wir angesichts der derzeitigen Weltlage für wichtig halten: ‚Innenministerium verweigert Othomanischer Vereinigung für den Wiederaufbau des Tempels die Genehmigung.'

Vergangenen Sommer führten fünf junge israelische Juden leidenschaftliche Diskussionen. Obgleich unterschiedlicher Herkunft, aus verschiedenen Berufen und Landesteilen, einte sie der eine starke Wunsch, der auch im folgenden Gebet zum Ausdruck kommt: ‚Sorge dafür, daß der Tempel wieder aufgebaut wird, noch zu unseren Lebzeiten und so bald wie möglich!' Die Worte dieses Gebets sind für diese fünf Männer mehr als bloßes Wunschdenken. Sie brennen darauf, daß dieses geheime Verlangen Wirklichkeit wird, wenn sie sagen: ‚Wir wollen zum Wiederaufbau des Tempels unseren Beitrag leisten.'

Die fünf Initiatoren sind sich sehr wohl im klaren darüber, daß sie die Arbeit weder körperlich noch finanziell allein bewältigen können. Sie alle haben Familien und müssen ihrem Beruf weiter nachgehen. Doch halten sie sich an den Ausspruch des Rabbi Tarfon (Pirke Abot): ‚Du brauchst nicht die ganze Arbeit allein zu erledigen; sie ist dir deshalb aber nicht erlassen' und glauben, ihre Aufgabe darin zu sehen, als Vorkämpfer für die Sache einzutreten, damit andere in ihre Fußtapfen treten.

Die fünf haben einen Verein mit einem festen Programm und einem klaren Ziel gegründet: Sie wollen sich in Jerusalem niederlassen, für das systematische Studium der den Wiederaufbau des Tempels betreffenden Gesetze und Gebote durch die Führer des Judentums und die Rabbiner eintreten sowie das Projekt des Tempelbaus durch Spendensammlungen finanzieren helfen.

Des weiteren wollen sie sich an der Planung und dem Bau beteiligen und dafür Sorge tragen, daß geeignete Architekten, Ingenieure, Handwerker und Künstler, Baufachleute, Schmiede und Schreiner mit diesen Arbeiten betraut werden. Die Anstellung dieser Spezialisten wird Aufgabe des Vereins sein. In dem Bewußtsein, daß das Vorhaben ungeheure Geldsummen verschlingen wird, wurde beschlossen, dem Verein das Recht einzuräumen, zur Förderung seiner Ziele im ganzen Land und in aller Welt Zweigstellen zu errichten und Gelder zu sammeln.

Der erste Antrag auf Eintragung ins Vereinsregister wurde vom Innenministerium abgelehnt, doch die fünf Gründer haben beim Obersten Gericht Berufung eingelegt und ihre Begründung mit dem Satz unterstrichen: ,Die Ziele des Vereins sind rechtmäßig.' So steht die Weigerung des zuständigen Beamten, die Eintragung des Vereins vorzunehmen, im Widerspruch zu der Sehnsucht derer, die beten: ,Und mögen wir in Gnaden die Rückkehr nach Zion erleben.' Es handelt sich überdies um einen echten Befehl, den Tempel in Jerusalem zu bauen, und alle sind verpflichtet, mit ihren Händen oder finanziell zu helfen. Nun, da die Tempelstätte unter jüdischer Herrschaft steht, sollte ein Aufschub nicht länger geduldet werden. Jeder muß auf den Bau dieses Tempels hinwirken. Laut Aussage der Vereinsgründer sind heute alle Stände des alten Israel unter uns vertreten: Priester, Leviten und das israelische Volk. Sie alle sehnen den Tag herbei, an dem sich an der alten Stelle der heilige Tempel in seiner ganzen Herrlichkeit vor ihren Augen erhebt. Nach dem Gesetz Israels muß alles getan werden, damit dieser Bau entsteht. Sie glauben auch, daß die Arbeit des Vereins ein weltweites Echo finden wird.

Der genannte Antrag wurde wenige Tage vor dem Passah beim Obersten Gericht eingebracht. Der zuständige Beamte für den Bezirk Jerusalem wurde um eine Erklärung gebeten, warum er den abschlägigen Eintragungsbescheid an den Verein zum Wiederaufbau des Tempels in Jerusalem nicht rückgängig machen wolle.

Die Gründer hoffen, daß an Hand der obigen Informationen alle noch gezielter für die Arbeit unseres Herrn [gemeint ist Jahwe] in unserem Land Israel beten können. Es wird von Tag zu Tag offensichtlicher, daß die Zeit abläuft. Bitte, betet alle für uns in dieser Zeit!"

Die Zeit scheint zweifellos abzulaufen. Wird demnächst dem Antrag auf Registereintragung zugestimmt werden?

Nun, so einfach ist das alles nicht. Die Pläne für einen Wiederaufbau des Tempels bieten gegenwärtig Stoff für einen Meinungsstreit, an dem vier Parteien beteiligt sind: die Moslems, die Christen, die Juden – und Gott. Die verschiedenen Standpunkte sollen im folgenden kurz umrissen werden.

Die Bedeutung des Tempelplatzes für die Moslems

Der Felsendom ist nach der Kaaba in Mekka und dem Grab Mohammeds in Medina zusammen mit der Al-Aksa-Moschee das drittgrößte Heiligtum des Islam. Die Araber werden mit Sicherheit nicht tatenlos zusehen, wenn man ihren Felsendom abreißt. Grundsätzlich werden ihn die Juden auch nicht antasten, denn es ist israelisches Gesetz, keinen Ort anzutasten, der irgendeiner Religion heilig ist.

Von allen Menschen der Welt wissen die Juden am ehesten um die Tragik der Entheiligung heiliger Stätten.

Der Felsendom und die nahegelegene Al-Aksa-Moschee stehen mitten auf dem Tempelplatz. Der Felsendom ist kein Nachzügler unter den religiösen Kultstätten. Er wurde bereits im Jahre 691 nach Christus von den Mohammedanern fertiggestellt. Sie haben ihn ehrfurchtsvoll gepflegt und über die Jahrhunderte auch umfangreiche Unterhaltungs- und Instandsetzungsarbeiten nicht gescheut.

Während der Kreuzzüge haben sie den Heeren aus Europa grausame, blutige Schlachten um die heilige Stätte geliefert und sie einmal für die Dauer eines Jahrhunderts verloren. In dieser Zeit benutzten die christlichen Eroberer den Felsendom als Kirche, bis ihn die Mohammedaner wieder zurückgewannen. Seitdem befindet er sich in ihrem Besitz.

Der Fairneß halber muß man sagen, daß der Felsendom ebenso umkämpft war wie die Tempel der Juden und es auch in bezug auf sein Alter ohne weiteres mit ihnen aufnehmen kann. Die Araber sind mindestens ebenso entschlossen wie die Juden, am Tempelplatz festzuhalten.

Als 1969 ein australischer Christ bei dem Versuch, der Erfüllung der Verheißung Gottes etwas nachzuhelfen, die Al-Aksa-Moschee in Brand setzte, geriet die arabische Welt außer sich. Alles wäre wohl halb so kompliziert, wenn die Juden ihren neuen Tempel am anderen Ende der Stadt errichten würden. Doch der Befehl Gottes ist eindeutig:

„Wenn nun der Herr, euer Gott, einen Ort erwählt, daß sein Name daselbst wohne, so sollt ihr dorthin bringen alles, was ich euch gebiete: eure Brandopfer und eure Schlachtopfer, eure Zehnten, eurer Hände Hebopfer und alle eure auserlesenen Gelübde, die ihr dem Herrn geloben werdet" (5. Mose 12, 11).

Die Stelle in 2. Samuel 24, 16-25 kennzeichnet genau den Standort des späteren Tempels (die „Tenne Aravnas") und läßt keinen Zweifel darüber offen, daß Gott an seinem Wort festhält und den Tempel genau wieder da haben will, wo er vorher gestanden hat.

Die Haltung mancher Christen gegenüber dem Wiederaufbau des Tempels

Ein anderes Hindernis, das sich dem Wiederaufbau entgegenstellt, stammt aus dem christlichen Lager. Es gibt Christen, die sich gegen die Vorstellung eines neuen Tempels wehren mit der Begründung, der Tod Jesu sei als Sühnopfer endgültig, die Gesetze des dritten Buches Mose, die sich auf die Schlachtopfer beziehen, die man Gott darbringen mußte, seien hinfällig geworden. Einen wiedererbauten Tempel mitsamt Schlachtopferaltar könnten sie daher kaum als richtig ansehen.

Die Bibel spricht jedoch von zwei zukünftigen Tempeln, dem Tempel zur Zeit der Großen Trübsal und dem Tempel Jesu Christi im Tausendjährigen Reich. Wir werden im nächsten Kapitel noch ausführlich darauf eingehen. Tempel sind immer gleichbedeutend mit Opferdienst:

„Ich habe dein [Salomos] Gebet gehört und mir diesen Ort zur Opferstätte erwählt" (2. Chronika 7, 12).

Im Tempel der Großen Trübsal wird das noch ungläubige Israel Gott seine Opfer darbringen, ein Gottesdienst, den Gott augenscheinlich dulden wird. Die Opfer im Tempel des Tausendjährigen Reiches, den der Herr selbst errichten wird, werden wahrscheinlich Opfer zum Gedächtnis an sein Versöhnungswerk am Kreuz sein.

Der Tempelplatz – für Juden verboten

Auch unter den Juden bestehen Einwände. Nur der Messias selbst kann den Tempel wieder aufbauen, lautet die Meinung einiger jüdischer Theologen. Und ihrer Ansicht nach steht sein Kommen noch aus.

Kernpunkt der Auseinandersetzung ist die Frage, ob der Messias selbst die Juden sammeln und den Tempel mitsamt den gottesdienstlichen Ordnungen wiederherstellen wird oder ob die Tatsache, daß das messianische Zeitalter angebrochen ist, Grund genug ist, um die Sache voranzutreiben.

Zur Zeit verbietet noch ein rabbinisches Gesetz den Juden das Betreten des Tempelplatzes. Als die Stätte im Sechs-Tage-Krieg von den israelischen Truppen überrannt wurde, ließ der Oberrabbiner von Jerusalem sofort ein Schild anbringen, mit dem er die Juden ermahnte, den Tempelplatz nicht zu betreten, damit nicht etwa der allerheiligste Ort entheiligt würde.

Solange sich diese Auffassung nicht ändert, wird sich kein orthodoxer Jude, ob Maurer oder Schreiner, über die Westmauer hinauswagen, selbst wenn die Stätte geräumt wäre und der Felsendom nicht mehr dort stünde. Der Talmud liefert eine gewisse Bestätigung dafür, daß der Messias den Tempelbau selbst ausführen wird, doch die Frage ist noch recht umstritten. Auf alle Fälle bilden ernsthafte Bedenken seitens der maßgeblichen Theologen in Jerusalem eines der wesentlichsten Hindernisse für den Wiederaufbau.

Mangel an Priestern

Gegen einen sofortigen Wiederaufbau spricht außerdem der Mangel an ordentlichen Priestern für den Dienst im Tempel. Das Priesteramt aus der Zeit des Alten Testaments ist aufgehoben oder wird zumindest in der damaligen Form nicht mehr ausgeübt.

Im jüdischen Tempel darf nicht jeder x-beliebige amtieren. Die Tempelpriester jener Zeit mußten eine unzweifelhafte Abstammung nachweisen können und sich strengsten Bestimmungen unterwerfen, um ihres Amtes würdig zu sein. Dieser Geist setzte sich im Neuen Testament weiter fort mit der Mahnung an die Christen, „geheiligte Gefäße" ihres Herrn zu sein.

Dennoch hat das jüdische Priesteramt in gewisser Weise die Jahrhunderte überdauert. Das „Jüdische Lexikon" stellt fest, daß Juden mit dem Namen „Cohen" auch heute noch zahlreich vertreten sind. Diese behaupten von sich, Nachkommen Aarons, des ersten Hohepriesters, zu sein (Cohen ist das hebräische Wort für „Priester"). Sowohl die Cohens als auch die Leviten (mit Namen wie „Levi", „Levin" usw.) genießen in der jüdischen Öffentlichkeit gewisse Ehrenrechte. Zum Beispiel werden sie bevorzugt dazu auserwählt, in den Synagogen die Schrift zu verlesen, und es ist schon zur Tradition geworden, daß sie bei jüdischen Feierlichkeiten amtieren. Ihnen obliegen darüber hinaus bestimmte rituelle Aufgaben.

Es ist also durchaus denkbar, daß möglicherweise die Priestergewänder wieder hervorgeholt werden und daß die Cohens und Leviten unserer Zeit im dritten Tempel das Amt ihrer Vorfahren weiterführen werden.

Wider eine „Schlachthaus-Religion"

Bei der Frage des Wiederaufbaus wenden sich weitere oppositionelle Stimmen aus dem jüdischen Lager gegen die Wiedereinführung ehemaliger Tempelbräuche. Vielen modernen Juden ist der Gedanke an Tierschlachtungen im Tempel als Opfer widerwärtig. Gegen den Tempelbau an sich wäre wahrscheinlich nichts einzuwenden, doch würde die Mehrzahl der Juden, insbesondere die Reformjuden, eine „Schlachthaus-Religion" oder „primitiven Ritualismus", wie sie es nennen, grundsätzlich ablehnen. Diese Haltung wird mit Sicherheit der Erfüllung der Prophetie über den Tempel der Großen Trübsal entgegenstehen.

Sollten in dem neuerrichteten Bauwerk lediglich Gottesdienste, nicht aber Opferungen stattfinden, so ließe sich dies mit den prophetischen Aussagen der Schrift über den dritten Tempel nicht ganz vereinbaren. Nach der Schrift wird der Antichrist die Schlacht- und Speisopfer abschaffen. Fehlten sie, hätten wir lediglich eine moderne jüdische Synagoge mehr, wenn auch an der rechten Stelle.

Und was sagt Gott?

Wir sehen also: Es bestehen auf mohammedanischer, christlicher und jüdischer Seite Einwände gegen die sofortige Errichtung des Tempels der Großen Trübsal. Ihnen steht das Wort Gottes gegenüber. Bis der Herr sein Wort erfüllt, wird auf der Erde noch viel geschehen. Das dritte Kapitel gibt einen ausführlichen Überblick über das, was Gott in seinem Wort über die Zukunft des Tempelplatzes aussagt. Gott behält das letzte Wort.

Vorteile eines Wiederaufbaus

Befassen wir uns kurz mit den positiven Aspekten. Es gibt nämlich eine Reihe von Faktoren, die für einen baldigen Bau des Tempels sprechen.

In den Herzen bibelgläubiger Christen brennt natürlich der Gedanke an die Erfüllung des prophetischen Worts. Teile der gewaltigen Weissagungen Daniels, des Herrn Jesus, des Apostels Paulus und des Apostels Johannes würden mit dem Wiederaufbau des Tempels eingeleitet. Er diente uns als Glaubensstärkung und Bestätigung dafür, daß das Wort Gottes noch immer Gültigkeit besitzt und daß die Zeit für die Wiederkunft Jesu, wie sie uns das Neue Testament verheißt, nahe bevorsteht.

Ein zweiter Vorteil für die Christen betrifft das Zeugnis gegenüber den Juden. Wir haben es hier zweifellos mit einem wesentlichen Bestandteil des Missionsbefehls unseres Herrn zu tun, der gegenwärtig allerdings noch mit erheblichen Schwierigkeiten verbunden ist. Der moderne Jude unterscheidet sich von seinen Vorfahren des ersten Jahrhunderts dadurch, daß er nur ein geringes Wissen um die fundamentale biblische Bedeutung von Opferdienst und Priesteramt und die Erfüllung dieser symbolischen Ordnungen in Christus, dem jüdischen Messias, besitzt. Man kann heute schwerlich auf den Hebräerbrief verweisen, der sich an die Judenchristen der damaligen Zeit richtete. Dem modernen Juden fehlen erziehungs- und bildungsmäßig ganz einfach die Voraussetzungen, um den Standpunkt des Apostels zu verstehen. Die rabbinischen Lehren haben diese Grundfragen so stark verdrängt, daß sie nahezu in Vergessenheit geraten sind.

Stünde nun aber in Jerusalem ein echter Tempel, dann könnte der Jude die Bedeutung von Opferdienst und Priesteramt viel eher verstehen. Dann könnte man auch von ihm erwarten, daß ihm die Wahrheiten der Versöhnung und Erlösung durch Jesus Christus nicht mehr verschlossen bleiben.

Die Juden, denen gegenüber Petrus und Paulus ihren Herrn bezeugten, hatten die Vorbilder auf den Erlöser, wie sie in den Tempelbräuchen verkörpert waren, ganz klar vor Augen. Wie reich wäre die Ernte, wenn heute diese Juden, die als Diener Gottes so lange gelitten haben, wieder vorurteilslos die herrlichen Traditionen ihres Tempels und deren letzte Erfüllung in Christus sehen könnten! Da ist zuallererst die wunderbare Erhörung des Gebets, das die Juden seit 1900 Jahren mit großer Ausdauer vor Gott bringen. Welch großes Geschenk wäre es für den Juden, wenn er nach den langen Jahrhunderten der Verfolgung und des Leidens endlich wieder sein Gotteshaus hätte wie zur Zeit Salomos! Das große Passahgebet „Nächstes Jahr in Jerusalem" ginge dann jedes Jahr neu in Erfüllung!

Ein zweiter Gesichtspunkt, der den Juden als Ansporn zum Wiederaufbau dient, ist die Tatsache, daß der Tempel noch mehr Juden nach Israel locken würde und sicher auch eine Menge Christen. Der Tourismus ist eine neuzeitliche Erfindung und bereits wesentlicher Bestandteil der israelischen Wirtschaft, was die Bedeutung dieser kleinen Nation in der Welt entscheidend mitbestimmt. Ein zentraler Tempel wäre für viele Juden in der Welt ein Anreiz, mindestens eine Wallfahrt in ihr altes heiliges Land zu unternehmen. Juden, die sich an das Gesetz Moses halten, würde es dreimal im Jahr zu den großen Festtagen (Passah, Pfingsten und dem Laubhüttenfest) nach Jerusalem ziehen. Auch die Zahl der Einwanderer würde mit Sicherheit steigen. Zur Zeit leben drei Millionen Juden in Israel und drei Millionen in der Stadt New York. Die restlichen sieben Millionen sind noch immer in aller Welt verstreut. Der Staat Israel braucht mehr Juden.

Zum dritten brächte der Wiederaufbau des Tempels einen politischen Vorteil – die Festigung des Staates Israel. Wenn wir in die Geschichte zurückblättern, in die Zeit des ersten Tempels, dann lesen wir, wie sich Jerobeam absonderte, das Nordreich gründete und die Wallfahrten zum Tempel nach Jerusalem unterband. In 1. Könige 12, 27-30 gebietet Jerobeam seinem Volk, die goldenen Kälber in Bethel und Dan anzubeten und nicht mehr an den Tempel in Jerusalem zu denken. Wie sehr hat diese Entwicklung das jüdische Volk gespalten und geschwächt!

Heute sind die Spaltungen und Schwächen noch offen-

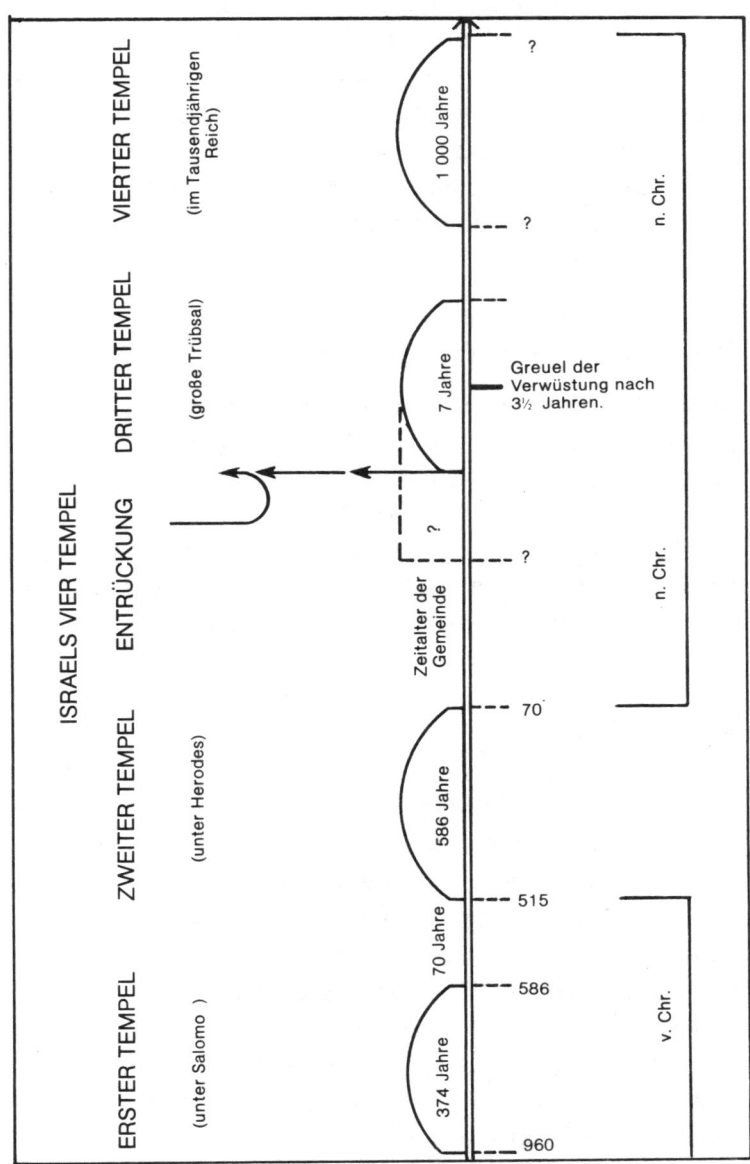

ISRAELS VIER TEMPEL

ERSTER TEMPEL — ZWEITER TEMPEL — ENTRÜCKUNG — DRITTER TEMPEL — VIERTER TEMPEL

(unter Salomo) — (unter Herodes) — (große Trübsal) — (im Tausendjährigen Reich)

374 Jahre — 70 Jahre — 586 Jahre — Zeitalter der Gemeinde — 7 Jahre — 1 000 Jahre

960 — 586 — 515 — 70 — ? — ? — ? — ?

Greuel der Verwüstung nach 3½ Jahren.

v. Chr. — n. Chr. — n. Chr.

37

sichtlicher. Die Juden sind unbeugsam und unnachgiebig; sie sind Juden geblieben, trotz grausamster und langandauernder Verfolgungen in der Geschichte der Menschheit. Wie wunderbar wäre es, wenn sie sich in ihrem Tempel zu Jerusalem wiedersehen könnten! Wie sehr würde Israel unter den Nationen der Erde an Bedeutung gewinnen, wenn alle Juden zum gemeinsamen Gebet im Tempel vereint wären!

Was wird geschehen?

In der Auseinandersetzung um den Bau des dritten Tempels stehen einander also positive Beweggründe und drohende Hindernisse gegenüber. Gott hat uns tatsächlich vor ein verwirrendes Rätsel gestellt.

Fest steht allerdings, daß die letzte Instanz für das, was schließlich eintreffen wird, die Heilige Schrift ist. Sie bezeugt mit großer Gewißheit, daß der Tempel eines Tages stehen wird; fest steht außerdem, daß es Gottes Tempel sein wird in der uralten Tradition jener geheiligten Gotteshäuser, die in längst vergangenen Zeiten diesen Ort geschmückt haben.

Wir stellen in diesem Buch die Behauptung auf, daß der Tempel der Großen Trübsal errichtet werden wird; daß er an der Stelle stehen wird, an der heute noch der Felsendom emporragt; daß er ein echter Tempel sein wird, vergleichbar mit denen des Salomo oder des Herodes; daß darin Speis- und Schlachtopfer dargebracht werden; daß der Antichrist diesen Speis- und Schlachtopfern im Tempel ein Ende setzen und daß der Tempel zerstört werden wird, damit Jesus Christus den endgültigen Tempel errichten kann – sein Haus auf Erden.

3

DIE UNHEIMLICHE GENAUIGKEIT DER BIBEL

Die Bibel erwähnt vier Tempel in Jerusalem. Zwei davon – der Salomonische und Herodianische – gehören der Vergangenheit an. Aber für die Zukunft werden uns noch zwei weitere (der Tempel der Großen Trübsal und der Tempel im Tausendjährigen Reich) vorausgesagt. Den endgültigen Tempel im Tausendjährigen Reich wird Jesus selbst bauen, wenn er das Messianische Königreich aufrichtet. Hesekiel beschreibt ihn ausführlich in den Kapiteln 40 bis 48 seines Buches. Doch zuvor muß der Tempel der Großen Trübsal gebaut sein. An vier Stellen in der Bibel finden wir Aussagen über Bau und Verwendung dieses Tempels, und zwar bei Daniel, Matthäus, im 2. Thessalonicherbrief und in der Offenbarung.

Wir wissen so sicher, daß der Tempel der Großen Trübsal gebaut werden wird, wie die Juden wissen konnten, daß der Messias kommen würde. Der Prophet Daniel, dessen Weissagungen über die Zukunft sich mathematisch genau berechnen lassen, hat uns diese beiden Ereignisse nebst einer Reihe anderer Offenbarungen vorausgesagt (Daniel 9).

Daniels Vision wurde von Jesus bekräftigt, als er den Propheten zitierte (Matthäus 24) und eine weitere Botschaft hinzufügte.

Mit seinem Hinweis auf den Tempel der Großen Trübsal folgte auch der Apostel Paulus diesem Beispiel (2. Thessalonicher 2). Der Apostel Johannes schließlich liefert uns eine ergänzende Schilderung der Ereignisse, die mit dem Wiederaufbau des dritten Tempels einhergehen. Außerdem liefert er Zeitangaben, die sich mit den Berechnungen des alten Propheten genau decken (Offenbarung 11).

Daniels Weissagung von Jesus bestätigt

An dieser Stelle muß einmal darauf hingewiesen werden, daß Weissagungen im Blick auf den Tempel stets genau eingetroffen sind. Die beiden Tempel sind sozusagen planmäßig gebaut und zerstört worden, das heißt in Übereinstimmung mit den Weissagungen der Bibel. Die völlig anderen Umweltverhältnisse und die altertümliche Sprache der Propheten machen es uns heute nicht eben leicht, alles sinngemäß zu verstehen. Doch der größte Teil der Juden war in dieser Hinsicht ebenso nachlässig wie wir. Trotz all ihrer Schriftkenntnis und ihres Lippenbekenntnisses zum Wort Gottes hat nur eine Minderheit der Juden des ersten Jahrhunderts ihren Messias erkannt und die angekündigte Zerstörung des zweiten Tempels sowie weitere vorausgesagte Ereignisse verstanden.

„Und nach den zweiundsechzig Wochen wird der Gesalbte ausgerottet werden und nichts mehr sein. Und das Volk eines Fürsten wird kommen und die Stadt und das Heiligtum verstören, daß es ein Ende nehmen wird wie durch eine Flut; und bis zum Ende des Streits wird's wüst bleiben. Er wird aber vielen den Bund stärken eine Woche lang. Und mitten in der Woche wird das Opfer und Speisopfer aufhören. Und bei den Flügeln werden stehen Greuel der Verwüstung, bis das Verderben, welches beschlossen ist, sich über die Verwüstung ergießen wird" (Daniel 9, 26-27).

In diesen beiden Versen ist eine gewaltige Weissagung enthalten. Der böse Fürst Satans, der Antichrist, wird mit dem Volk Israel einen Bund schließen. Dieser Bund soll sieben Jahre dauern (Daniels „Wochen" sind in Wirklichkeit Zeitabschnitte von jeweils sieben Jahren). Dann wird der Antichrist den Bund brechen. Mitten in den sieben Jahren wird er dem Speis- und Schlachtopfer ein Ende setzen und das Allerheiligste entweihen.

Sollen die alten Bräuche der Speis- und Schlachtopfer eingestellt werden, dann müssen sie zuvor eingesetzt worden sein. Und dazu wiederum bedarf es eines Tempels.

John F. Walvoord meint: „Als Folge der Bündnispolitik der Nationen wird Israel mit den heidnischen Herrschern des Mittleren Ostens einen Bund eingehen, ganz so, wie es in Daniel 9, 26-27 vorausgesagt wird . . . Die orthodoxen Juden werden ihre alten Opfer augenscheinlich wieder aufleben lassen, und auch der Tempel wird nicht fehlen."

Hier werden Ereignisse beschrieben, die sich in der kommenden Großen Trübsal zutragen werden. Fest steht, daß in der Mitte dieses Zeitabschnitts der Tempel stehen und seiner Bestimmung übergeben worden sein muß. Über den genauen Zeitpunkt des eigentlichen Wiederaufbaus werden dagegen keine Angaben gemacht. Er könnte bereits lange vor Ablauf der halben Trübsalszeit erfolgt sein. Wir wissen lediglich, daß der Tempel stehen und dem Volk als Gotteshaus dienen wird. Gemäß der Weissagung in Daniel 9 wird der Antichrist nach dreieinhalb Jahren den Opferdienst verbieten und abschaffen.

Jesus selbst bestätigte genau diese Weissagung Daniels. In Matthäus 24, 15-16 warnt er:

„Wenn ihr nun sehen werdet den Greuel der Verwüstung (davon gesagt ist durch den Propheten Daniel), daß er

41

steht an der heiligen Stätte (wer das liest, der merke darauf!), dann fliehe auf die Berge, wer im jüdischen Lande ist!"

Jesus sagt uns, daß der „Greuel der Verwüstung", von dem Daniel spricht, sich an der „heiligen Stätte" zutragen wird. Die heilige Stätte war einer der beiden Räume im ursprünglichen Tempel. Diese beiden von Gott ausersehenen und geweihten Räume bildeten das Heiligtum (ha-kodhesh) und das Allerheiligste (kodhesh ha-kodhashim). 2. Mose 26, 33 beschreibt den Unterschied zwischen diesen beiden Räumen im Rahmen einer langen, ausführlichen Schilderung der Bauvorschriften Gottes für die Stiftshütte:

„Und sollst den Vorhang unter die Haften hängen und die Lade des Zeugnisses innerhalb des Vorhangs setzen, daß der Vorhang euch eine Scheidewand bilde zwischen dem Heiligen und dem Allerheiligsten."

Die Bezeichnung „heilige Stätte", wie sie Jesus hier anführt, kann sich nur auf das Allerheiligste beziehen. An dieser Stätte wird sich der Greuel der Verwüstung abspielen, folglich muß es auch den Tempel geben. Zuvor hatte Jesus bereits die Zerstörung des zweiten Tempels angekündigt; hier unterstreicht er mit anderen Worten die Weissagung Daniels über die Errichtung des dritten Tempels. Eine sicherere Garantie für ihr Eintreffen kann es gar nicht geben!

Man beachte an dieser Stelle auch die redaktionelle Anmerkung des Heiligen Geistes in Form einer Mahnung, diesen Abschnitt mit ganz besonderer Aufmerksamkeit zu lesen.

Auch der Apostel Paulus erwähnt an einer Stelle den Tempel der Großen Trübsal:

42

„Niemand soll euch irreführen in irgendeiner Weise, denn es muß unbedingt zuerst der Abfall kommen und der Mensch der Sünde, der Sohn des Verderbens, geoffenbart werden, der Widersacher, der sich über alles erhebt, was Gott oder Gegenstand der Verehrung heißt, so daß er sich in den Tempel Gottes setzt und sich selbst als Gott erklärt" (2. Thessalonicher 2, 3-4).

Der Mensch der Sünde, von dem in diesem Text die Rede ist, wird an anderer Stelle in der Bibel als „Antichrist" (1. Johannes 2, 18) oder „Fürst des Verderbens" bezeichnet. Er wird für Gott und alles, was Gott gehört, Feind Nummer eins sein. Er wird sich in den Tempel setzen und sich als Gott ausgeben. Er wird allen Völkern gebieten, ihn anzubeten.

Das griechische Wort für Tempel in diesem Text heißt „naos". Es ist die Bezeichnung für das eigentliche Tempelgebäude. Das Wort „hieron", das an anderen Stellen vorkommt, bezieht sich auf die Tempelstätte in ihrer Gesamtheit. Wenn Paulus also hier vom Tempel Gottes als dem Sitz des Antichristen spricht, meint er ganz eindeutig das Allerheiligste. Er befindet sich damit in Übereinstimmung mit Daniel und Jesus.

So ist der Tempel einmal mehr Voraussetzung für die Vollendung zukünftiger Ereignisse. Damit diese genaue Prophetie in Erfüllung gehen kann, wird man um den Wiederaufbau des Tempels und des Heiligtums einfach nicht herumkommen.

In der faszinierenden Offenbarung des Johannes finden wir ebenfalls einen Hinweis auf den Tempel der Großen Trübsal:

„Und mir wurde ein Rohr gegeben, gleich einem Stabe; und es wurde zu mir gesagt: Mache dich auf und miß den Tempel Gottes und den Altar und die, welche dort

anbeten. Aber den Vorhof, der außerhalb des Tempels ist, laß weg und miß ihn nicht; denn er ist den Heiden gegeben, und sie werden die heilige Stadt zertreten zweiundvierzig Monate lang" (Offenbarung 11, 1-2).

Mitten in dem Abschnitt der Offenbarung, der uns die Große Trübsal schildert (Kapitel 6-19), ist mit einemmal von einem Tempel die Rede. Johannes soll ihn messen, und zwar nicht den Grund und Boden allgemein, den auch die Heiden betreten, sondern nur das eigentliche Tempelgebäude, das „naos". Der Altar und die im Tempel anbeten, sollen in die Berechnungen des Johannes mit einbezogen werden, nicht aber der der Öffentlichkeit zugängliche Vorhof, der zweiundvierzig Monate lang (dreieinhalb Jahre) von den Heiden entweiht werden wird.

Wie genau diese Angaben doch mit Daniels Vorhersage übereinstimmen! Nach dem Greuel der Verwüstung werden die Heiden dreieinhalb Jahre lang – in genau der Hälfte der letzten „Jahrwoche" Daniels (sieben Jahre) – in der heiligen Stadt ihr Unwesen treiben, plündern und rauben.

Diese Aussage macht wiederum deutlich, daß der Tempel zur Halbzeit der Großen Trübsal stehen muß.

Aus dem obigen Text geht weiterhin hervor, daß Gott den Tempel als wahren Ort der Anbetung billigt. Johannes erhält den Auftrag, den „Tempel Gottes" zu messen. Es steht also fest, daß es den Tempel geben und dieser Gott angenehm sein wird.

Durch die Art, in der Gott von der Messung des Tempels einschließlich des Altars und derer, die darin anbeten, spricht, gewinnt man den Eindruck, daß Gott sich über die Anbetung des Volkes im Tempel freut, auch wenn der Antichrist das Heiligtum später entweihen wird.

Die zuletzt angeführte Schriftstelle läßt sich ganz klar

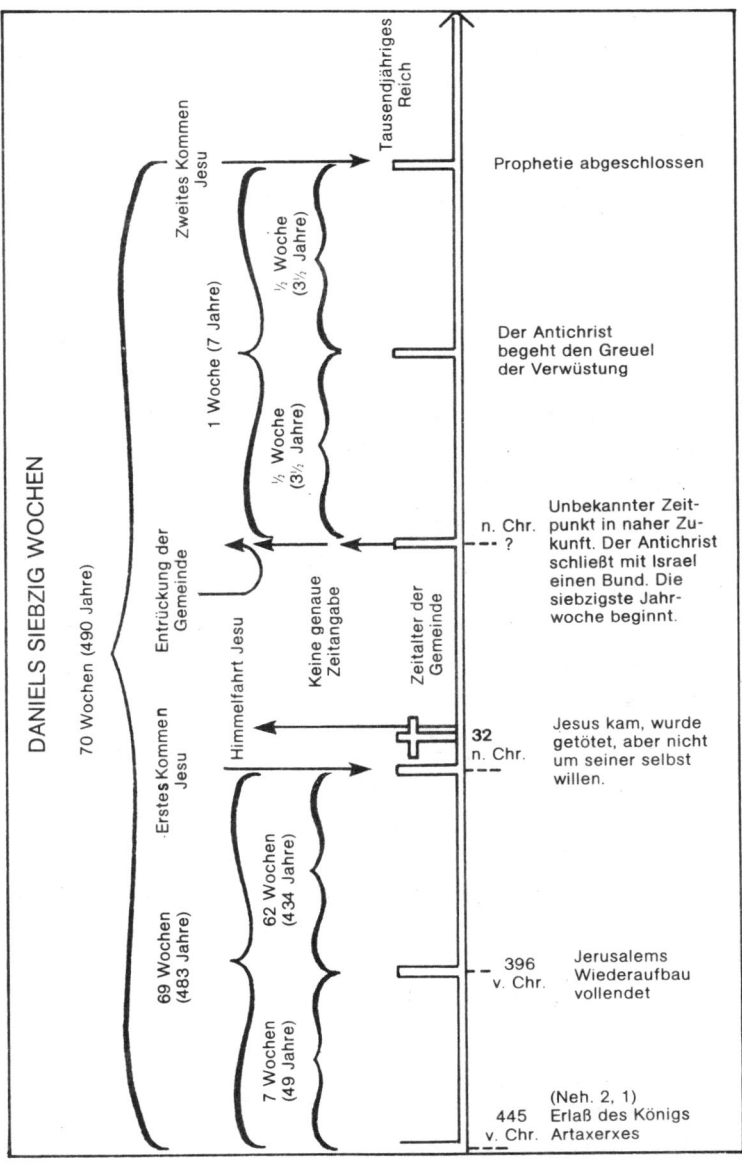

DANIELS SIEBZIG WOCHEN

70 Wochen (490 Jahre)

Zweites Kommen Jesu

Tausendjähriges Reich

Prophetie abgeschlossen

1 Woche (7 Jahre)

½ Woche (3½ Jahre)

½ Woche (3½ Jahre)

Der Antichrist begeht den Greuel der Verwüstung

Entrückung der Gemeinde

Himmelfahrt Jesu

Erstes Kommen Jesu

Keine genaue Zeitangabe

Zeitalter der Gemeinde

n. Chr. ?

Unbekannter Zeitpunkt in naher Zukunft. Der Antichrist schließt mit Israel einen Bund. Die siebzigste Jahrwoche beginnt.

32 n. Chr.

Jesus kam, wurde getötet, aber nicht um seiner selbst willen.

69 Wochen (483 Jahre)

62 Wochen (434 Jahre)

7 Wochen (49 Jahre)

396 v. Chr.

Jerusalems Wiederaufbau vollendet

(Neh. 2, 1)

445 v. Chr.

Erlaß des Königs Artaxerxes

in die Reihe der drei übrigen einordnen. Sie schildert denselben Zeitabschnitt. Zeitpunkt und Ort sind klar umrissen. Die zweiundvierzig Monate, die uns sowohl von Daniel als auch von Johannes vorausgesagt werden, sowie alle übrigen übereinstimmenden Angaben bilden ein überzeugendes Beispiel für die Genauigkeit und Einheitlichkeit der vom Heiligen Geist eingegebenen Worte.

Weitere mathematisch genaue Vorhersagen Daniels

Um die göttlich inspirierte Vorausschau des Propheten Daniel in ihrer Einzigartigkeit richtig beurteilen zu können, muß man sie auf ihre Genauigkeit hin sorgfältig prüfen. Wie wir gesehen haben, hat ihm Gott exakt die Zukunft im Blick auf den Tempel der Großen Trübsal und den Antichristen geoffenbart. Diese Voraussagen sind jedoch nur ein Bruchteil der gewaltigen Siebzig-Jahrwochen-Prophetie.

Die Vision, die Daniel gegeben wurde, umfaßt die ganze Weltgeschichte. Den prophetischen Aussagen über die zweiten dreieinhalb Jahre der Großen Trübsal gehen Weissagungen über den Wiederaufbau Jerusalems nach der babylonischen Gefangenschaft, über das erste Kommen Jesu und seine Kreuzigung sowie über die Zerstörung des zweiten Tempels voraus.

Daniel, so könnte man sagen, setzt da an, wo die Prophetie Jeremias aufhört (600 vor Christus) und führt uns weiter bis zum Ende der Zeit.

Hier bietet sich eine gute Gelegenheit, Daniels Aussagen nachzuprüfen. Hat er die Ereignisse, die bereits eingetreten sind, richtig vorausgesagt? Besteht guter Grund zu der Annahme, daß er sich auch hinsichtlich der zukünftigen Ereignisse nicht geirrt hat?

In Daniel 9, 26-27 haben wir Hinweise auf die kommende Große Trübsal gefunden. Gehen wir nun einen Vers zurück und schauen wir uns Daniels Weissagung über Jesus, den Messias, an:

„So wisse denn und verstehe: Vom Ausgehen des Wortes, Jerusalem wiederherzustellen und zu bauen, bis auf den Messias, den Fürsten, sind sieben Wochen und zweiundsechzig Wochen" (Daniel 9, 25).

Das heißt also: Der Messias wird 69 Wochen nach dem Befehl zum Wiederaufbau Jerusalems kommen. Stellen wir uns das einmal vor! Sechs Jahrhunderte vor Christus wird solch eine Behauptung aufgestellt!

Schon der bloße Gedanke, eine Vorhersage zum Wiederaufbau Jerusalems zu machen, muß damals in der Umgebung Daniels auf Unglauben und Skepsis gestoßen sein. Die Juden befanden sich gerade in babylonischer Gefangenschaft. Vernunftmäßig bestand nicht die leiseste Hoffnung, daß sie je ihre vom Feind eroberte Hauptstadt wieder aufbauen könnten.

Dennoch wurde ungefähr 200 Jahre später durch Artaxerxes (Artasasta) ein Dekret erlassen, das es Nehemia gestattete, die jüdische Hauptstadt wieder aufzubauen:

„Es geschah aber im Monat Nisan, im zwanzigsten Jahre des Königs Artasasta, als Wein vor ihm stand, nahm ich den Wein und gab ihn dem Könige. Ich war aber zuvor nie traurig vor ihm gewesen. Da sprach der König zu mir: Warum siehst du so übel aus? Du bist doch nicht krank? Es ist nichts anderes als ein betrübtes Herz! Da fürchtete ich mich sehr und sprach: Der König lebe ewig! Warum sollte ich nicht traurig aussehen, da doch die Stadt, wo der Begräbnisplatz meiner Väter ist, wüste liegt und ihre Tore vom Feuer verzehrt sind? Da sprach der König zu mir: Was forderst du denn? Da flehte ich

zu dem Gott des Himmels und sagte dann zum König:
Gefällt es dem König und gefällt dir dein Knecht, so
sende mich nach Juda, zu der Stadt, wo meine Väter
begraben liegen, daß ich sie wieder aufbaue. Da sprach
der König zu mir, während die Königin neben ihm saß:
Wie lange wird die Reise währen, und wann wirst du
zurückkommen? Und es gefiel dem König, mich hinzu-
senden, nachdem ich ihm eine bestimmte Zeit angegeben
hatte" (Nehemia 2, 1-6).

Das Datum des wohlwollenden Erlasses ist genau angegeben: „Im Monat Nisan, im zwanzigsten Jahre des Königs
Artasasta" (Nehemia 2, 1). Umgerechnet war es das Jahr
445 vor Christus.

Ehe wir weiterrechnen, sollten wir uns darüber klar
werden, daß Daniels „Wochen" in Wirklichkeit Zeiträume
von jeweils sieben Jahren, also „Jahrwochen" sind. Das
hebräische Wort im Urtext bedeutet so viel wie „Satz à
sieben", und wir wissen, daß damit Jahre gemeint sind,
denn die Wiederherstellung Jerusalems dauerte genau
neunundvierzig Jahre; sie war also 396 vor Christus abgeschlossen. Diese Zeitspanne deckt sich genau mit den
„sieben Wochen" des Propheten. Zudem wäre eine Prophetie unglaubwürdig, die dem Wiederaufbau einer großen
Stadt lediglich sieben tatsächliche Wochen einräumen
würde.

Des weiteren sollten wir wissen, daß zur Zeit Daniels
ein Jahr gemäß dem herkömmlichen jüdischen Zeitmaß
mit 360 Tagen berechnet wurde. Das geht auch aus Offenbarung 11,3 hervor, wo die dreieinhalbjährige Trübsal mit
1260 Tagen (dreieinhalb mal 360 Tage pro Jahr) angegeben ist.

Wir können auf einen Blick erkennen, daß Daniels
Vorhersage genau stimmt. Seine „neunundsechzig Wo-

chen", das heißt neunundsechzig Sätze à sieben Jahre, ergeben 483 Jahre (à 360 Tage). Das Dekret zum Wiederaufbau Jerusalems wurde 445 vor Christus erlassen; folglich zielt Daniels Prophetie mitten hinein in die Generation Jesu.

Daniel hat sich aber noch genauer festgelegt. Diese Meinung vertrat jedenfalls Robert Anderson vor hundert Jahren in seinem klassischen Werk „Der kommende Fürst".

In diesem beachtlichen Werk weist Anderson nach, daß Daniels Berechnungen auf den Tag genau stimmen. Da Andersons Beweisführung von einer Reihe vernünftiger Gegebenheiten ausgeht, war sie schwer zu widerlegen. Angriffe gegen das Werk richteten sich denn auch in erster Linie gegen die allzu große Perfektion, die naturgemäß auf Skepsis stieß. Auf alle Fälle ist es erregend, seiner Berechnung zu folgen. Wenn uns eines dadurch gezeigt werden soll, dann dies: daß wir gut daran tun, Daniels Prophetie ernst zu nehmen.

Hier Andersons Berechnung:

1. Daniel sagt das Kommen des Messias für 173 880 Tage nach dem Dekret des Königs Artasasta voraus: 69 „Jahrwochen" = 483 Jahre (69 x 7).

483 Jahre x 360 Tage (Dauer des jüdischen Jahres in der Prophetie) = 173 880 Tage.

2. Der genaue Tag des Dekrets war der 14. März des Jahres 445 vor Christus. Aus Nehemia 2, 1-6 wissen wir, daß das Gebot „im Monat Nisan, im zwanzigsten Jahr" der Herrschaft des Artasasta (465-425 vor Christus) ausging. Man kann davon ausgehen, daß das Dekret vom ersten Tag des Nisan datierte, weil „der erste Nisan als Neujahrstag und damit als Anfang für die Berechnung von Königsherrschaften und für die Datierung von Festtagen gilt" (Mishna, Abhandlung „Rosh Hashanah"). Der erste Nisan des Jahres

445 vor Christus fiel nach Angaben des britischen Königlichen Observatoriums in Greenwich auf den 14. März. 3. Der eigentliche Tag des Kommens des Messias war der 6. April 32 nach Christus.

Das „Kommen des Messias" vollzog sich an dem Tag, an dem Jesus seinen triumphalen Einzug in Jerusalem hielt und vom jüdischen Volk zum König ausgerufen wurde. Dieses Geschehen schildert Sacharja 9, 9.

Jesus und Johannes der Täufer begannen beide ihren Dienst im fünfzehnten Jahr der Regierung des Tiberius Caesar (Lukas 3, 1.3.21), von dem wir wissen, daß er 14 nach Christus den Kaiserthron bestieg. Jesus trat also im Jahre 29 seinen Dienst an und wirkte, wie wir wissen, drei Jahre lang bis zu seinem triumphalen Einzug. Das bringt uns zum Jahre 32.

In Johannes 12, 1 wird uns berichtet, daß Jesus „sechs Tage vor Ostern" nach Bethanien, einem Vorort Jerusalems kam, und aus Johannes 12, 12 geht hervor, daß er „anderntags" in Jerusalem einzog.

Ostern – oder das Passahfest – wird immer am 14. Nisan begangen, der nach Errechnungen des Königlichen Observatoriums Greenwich im Jahre 32 nach Christus nach unserem Kalender auf Donnerstag den 10. April fiel. Demzufolge ist Jesus am 4. April (sechs Tage vor dem Passah), einem Freitag, nach Bethanien gekommen. Das Abendmahl mit Lazarus in Bethanien muß ein Sabbatmahl gewesen sein. Mit „anderntags" kann nicht Sonnabend gemeint sein (der Sabbat wäre noch in Kraft gewesen, und sowohl Jesus als auch die übrigen Juden hätten geruht). Folglich hielt Jesus seinen triumphalen Einzug am Sonntag dem 6. April im Jahre 32 nach Christus.

Wir wollen das bisher Gesagte noch einmal ganz kurz zusammenfassen. Anderson behauptet 1., daß Daniel im voraus wußte, daß von der Herausgabe des Dekrets des

Artasasta bis zum Kommen des Messias 173 880 Tage vergehen würden; 2., daß das Dekret am 14. März 445 vor Christus erteilt wurde; 3., daß der Messias offiziell am 6. April 32 kam.

Wenn Daniel wirklich auf den Tag genau sein will, müßten zwischen diesen beiden Daten 173 880 Tage liegen. Anderson rechnet folgendermaßen: Vom 14. März 445 vor Christus bis zum 6. April 32 nach Christus sind es 477 Jahre und 24 Tage. Wir müssen davon aber ein Jahr abziehen, denn von 1 vor bis 1 nach Christus ist nur ein Jahr. Das ergibt also 476 Jahre und 24 Tage. 476 Jahre x 365 Tage (gemäß unserem Julianischen Kalender) sind 173 740 Tage. Zusammen mit den restlichen 24 Tagen kommen wir auf 173 764 Tage.

Das kommt nicht ganz hin. Nun dürfen wir aber die Besonderheiten unseres Julianischen Kalenders nicht außer acht lassen. Alle vier Jahre haben wir nämlich ein Schaltjahr (das gegenüber einem Normaljahr einen Tag mehr hat). In unserem Berechnungszeitraum gab es 119 Schaltjahre (476 Jahre geteilt durch 4 ergibt 119). Wenn wir diese 119 Tage noch hinzufügen, sieht das so aus: 173 764 + 119 = 173 883 Tage.

Jetzt haben wir einige Tage übrig. Anderson ließ sich jedoch nicht beirren. Er hatte ja auch noch geringfügige Abweichungen zwischen unserem Julianischen Jahr und dem echten Sonnenjahr zu berücksichtigen. Nach Angaben des Königlichen Observatoriums in Greenwich ist unser Jahr ungefähr der 128. Teil eines Tages länger als das echte Sonnenjahr. Wir müssen also alle 128 Jahre auf unserem Kalender das Schaltjahr unberücksichtigt lassen. In dem Zeitraum, auf den sich Daniels Prophetie erstreckt (483 Jahre), müssen demnach drei Schaltjahre ausgelassen werden. Nun ziehen wir drei Tage wieder ab: 173 883 − 3 = 173 880 Tage.

Wir sehen: Daniels Rechnung stimmt auf den Tag genau.

Es ist nicht unsere Absicht, ein Urteil über Andersons Berechnung zu fällen, sondern vielmehr die nicht übersehbare Genauigkeit des Propheten Daniel zu unterstreichen. Unsere Voraussagen über den kommenden Wiederaufbau des Tempels der Großen Trübsal und die Ereignisse, die mit diesem Geschehen zusammenhängen, beruhen im wesentlichen auf dieser Siebzig-Wochen-Prophetie Daniels. Hätte sich Daniel bei seinen anderen Voraussagen geirrt, stünden unsere Behauptungen auf wackeligen Füßen.

Da er aber offensichtlich durch den Geist Gottes das Kommen des Messias völlig exakt vorhersagte, wäre es leichtfertig, seine Weissagungen hinsichtlich des Tempels der Großen Trübsal anzuzweifeln.

Wir sind also jetzt von einem Propheten gewarnt worden. Und wir sind nicht die ersten. Wieder und wieder hat Gott durch die Propheten geredet, ganz besonders mit Bezug auf den Tempel in Jerusalem. Doch so erstaunlich uns die Tatsache auch erscheinen mag, während der langen Geschichte des Tempelplatzes wurden die Propheten wegen ihrer Aussagen meistens nur verspottet und ausgelacht. Das Volk hat die einschlägigen Schriften sogar gekannt, aber irgendwie muß es gedacht haben, die angekündigten Ereignisse würden doch nicht eintreffen.

Machen wir es genauso?

Blenden wir zurück auf die Anfänge der Geschichte des Tempelplatzes.

4

DER SALOMONISCHE TEMPEL

Dreitausendfünfhundert Jahre hindurch haben Blut, Schweiß und Tränen den Boden der Tempelstätte getränkt.

Vergleichen wir diese Zahl einen Augenblick mit anderen Zeitspannen in der Geschichte. Die Vereinigten Staaten von Amerika sind seit 200 Jahren eine Nation. Großbritannien, über dessen Weltreich einst die Sonne nicht unterging, blickt auf eine rund 900jährige Geschichte zurück.

Den großen Kulturen Griechenlands und Roms fehlen ganze 1000 Jahre beim Vergleich mit dem Alter der Tempelstätte und ihrer Geschichte.

Es ist für uns heutzutage schwer zu verstehen, daß die Juden den Tempel (bzw. die Stiftshütte, eine Vorform des Tempels) in den langen Jahren vom Auszug des Volkes Israel aus Ägypten unter Mose im Jahre 1500 vor Christus bis zur Rückgewinnung des Tempelplatzes durch Moshe Dayan im Jahre 1967 nie aus den Augen verloren haben.

In der Vergangenheit haben sie den Tempel zweimal gebaut und zweimal verloren. Die Bibel hat den Bau dieser ersten beiden Tempel angekündigt, ebenso ihre Zerstörung. Die gleiche Bibel prophezeit den Bau und die Zerstörung des Tempels der Großen Trübsal, und schließlich verheißt das prophetische Wort den Tempel im Tausendjährigen Reich, das Herrscherhaus Christi auf Erden.

Schauen wir einen Augenblick in die leidvolle Geschichte der ersten beiden Tempel.

Der erste Tempel

„Und er sprach: Nimm doch deinen Sohn, deinen einzigen,
den du lieb hast, Isaak, und gehe hin in das Land Morija
und opfere ihn daselbst zum Brandopfer auf einem Berge,
den ich dir nennen werde!" (1. Mose 22, 2).

Die Bibel beginnt ihre Chronik über die Geschichte der
Menschheit am Anfang – vor langer, langer Zeit. Doch
man braucht gar nicht weit zu blättern, da stößt man bereits auf die erste Anweisung Gottes in bezug auf die
Tempelstätte.

Im ersten Buch Mose befiehlt Gott Abraham, auf einem
bestimmten Berg seinen einzigen Sohn Isaak zu opfern.
Der Berg erweist sich als der Berg Morija, genau der Ort,
an dem viele Jahre später nacheinander die ersten beiden
Tempel standen. An der Stelle, an der sich einst Abraham
bereitwillig anschickte, Isaak zu opfern, erhebt sich heute
der Felsendom.

Jene eindrucksvolle Geschichte ist charakteristisch für
die Not und das Herzeleid, die sich auf diesem Boden
abspielen sollten. Man muß sich darüber im klaren sein,
daß Abraham sein Leben lang auf die Geburt eines Sohnes
gewartet hatte. Ja, er wartete noch lange über das gebärfähi-
ge Alter seiner Frau hinaus; als sie schon viel zu alt war,
um ein Kind zu bekommen, wartete er noch immer. Zwar
hatte er einen Sohn mit der Magd seiner Frau, doch war
dies für Gott unannehmbar. Er versprach Abraham, seine
Gebete um einen Sohn von seiner eigenen Frau zu erhören.

Und nachdem dies auf wunderbare Weise geschehen
war, wurde Abraham angewiesen, das Kind zu töten.

Die Geschichte hatte einen guten Ausgang. Isaak wurde
verschont. Gott hatte Abraham geprüft. Als Belohnung
für seinen bedingungslosen Gehorsam gibt ihm Gott eine

wunderbare Verheißung, deren Erfüllung heute deutlich sichtbar ist:

„Und der Engel des Herrn rief Abraham zum zweitenmal vom Himmel und sprach: Ich habe bei mir selbst geschworen, spricht der Herr, weil du solches getan und deines einzigen Sohnes nicht verschont hast, will ich dich gewiß segnen und deinen Samen mächtig mehren, wie die Sterne am Himmel und wie den Sand am Rande des Meeres, und dein Same soll die Tore seiner Feinde besitzen" (1. Mose 22, 15-17).

Rund 400 Jahre nach Abraham rüstete Mose das Nomadenvolk Israel für die große Aufgabe zu, das Gelobte Land einzunehmen und sich seßhaft zu machen. Gott hatte sie aus der Knechtschaft der Ägypter errettet, doch der Weg nach Israel dauerte 40 Jahre. Der Gottesdienst und die Opfer des Volkes auf der langen Wüstenwanderung waren Gott nicht immer wohlgefällig gewesen.

Hier erhält Abraham die Verheißung, daß seine Nachkommen einmal im verheißenen Land die Herrschaft innehaben werden.

Nun aber gab Gott Mose erste Hinweise:

„An dem Ort, den der Herr, euer Gott, aus allen euren Stämmen erwählen wird, um seinen Namen daselbst wohnen zu lassen, sollt ihr ihn suchen, und dahin sollst du kommen" (5. Mose 12, 5).

Der Tempel werde an einem bestimmten Ort stehen, den Gott „erwählen" würde. Gott selbst würde dort sein, und die Opfer sollten nach seinen Befehlen dargebracht werden.

Gottes Entschluß stand fest. Sobald die Israeliten diesen erwählten Ort innehatten, durften sie ihre Brandopfer an keinem anderen Ort mehr darbringen.

„Hüte dich, daß du deine Brandopfer nicht an einem (beliebigen) Orte opferst, den du sehen wirst; sondern an dem Ort, den der Herr in einem deiner Stämme erwählt" (5. Mose 12, 13-14).

Jerusalem, der erwählte Ort

Sie warteten, so wie ihr Vorfahr Abraham gewartet hatte. Sie nahmen das Gelobte Land ein, doch ehe sie einen Tempel bauen konnten, mußten sie sich erst einmal zu einem Volk zusammenschließen. Jahrhunderte gingen ins Land, bis das ehemalige Sklaven- und Nomadenvolk die Voraussetzungen für Handwerk, Handel, Ackerbau und Viehzucht, aber auch eine gewisse Selbstverwaltung entwickelt hatte. Die Grenzen mußten verteidigt werden, Kriege wurden ausgetragen, und das jüdische Volk lobte seinen Gott, stets von dem Gedanken beseelt, daß sich irgendwo in diesem mühsam erkämpften Land der Ort für den zukünftigen Tempel befände.

Die Richter als Führer des Volkes wurden von Königen abgelöst. Der jungen Nation wurde eine Reihe fähiger Herrscher geschenkt, von denen der zweite – der große König David – Jerusalem erobern konnte:

„Und der König zog mit seinen Männern nach Jerusalem gegen die Jebusiter, die im Lande wohnten; sie sprachen zu David: Du wirst hier nicht hereinkommen, sondern die Blinden und die Lahmen werden dich vertreiben! Das sollte heißen: David wird nicht hineinkommen! Aber David nahm die Burg Zion ein; das ist die Stadt Davids. Und David ließ sich nieder auf der Burg und nannte sie Stadt Davids. Und David baute ringsum vom Millo an einwärts" (2. Samuel 5, 6-7.9):

Mit dieser Eroberung wurde das Zeitalter der jüdischen Tempel eingeleitet. David, Sieger über Goliath und jugendlicher Nationalheld, ein großer, begabter Dichter und Musiker, Komponist der Psalmen, Tänzer exotischer Tänze vor Gott und vierzig Jahre lang ein tüchtiger, fähiger König über die Juden, machte Jerusalem zu seiner Hauptstadt. Noch heute sehen wir die Folgen dieser Wahl.

In Jerusalem vertraut David dem Propheten Nathan an, was ihn am meisten bekümmert:

„Siehe doch, ich wohne in einem Zedernhause, und die Lade Gottes wohnt unter Teppichen!" (2. Samuel 7, 2).

Mangels eines richtigen Tempels mußten die Juden ihren Gottesdienst in einem behelfsmäßigen Zelt verrichten.

Mit der Gewißheit und Überzeugung eines Propheten Gottes ermutigt Nathan David, seine Tempelpläne zu verwirklichen. „Der Herr ist mit dir!" versichert er ihm (2. Samuel 7, 3).

Gottes Antwort auf Davids Eifer für das heilige Vorhaben war eine Verheißung ähnlich der, die er einst Abraham gegeben hatte. Davids Nachkommenschaft sollte niemals aussterben, ja noch mehr, das Königreich Jesu Christi selbst sollte auf David gegründet werden.

Jesus, ein Nachkomme Davids („hervorgegangen... aus dem Samen Davids nach dem Fleisch", Römer 1, 3), wurde tatsächlich in Jerusalem gekrönt, allerdings mit einer Dornenkrone. Der Bund mit David, wie diese Zusage genannt wird, ist jedoch unwandelbar. Jesus wird, wie wir aus der Prophetie ersehen, einst seine Herrschaft im Tausendjährigen Reich als König auf Erden antreten.

Offenbarung der Tempelstätte

David sollte den eigentlichen Bau des Tempels nicht mehr erleben. Im Laufe der Jahre erwies er sich durch seine zunehmend kriegerische Tätigkeit als untauglich für diese Aufgabe. Bei einer Gelegenheit verleitete ihn sein Hochmut dazu, eine Zählung seiner Streitkräfte vorzunehmen.

Davids Knecht Joab erkannte die Torheit dieser Tat. Mit seiner Eitelkeit würde der König den Zorn Gottes heraufbeschwören. „Joab sprach: Der Herr tue zu seinem Volk, wie zahlreich es jetzt ist, noch hundertmal mehr hinzu! Aber sind sie nicht, mein Herr und König, alle meines Herrn Knechte? Warum soll eine Schuld auf Israel kommen?" (1. Chronika 21, 3).

Aber David setzte seinen Willen durch. Er ließ das stehende Heer zählen, und diese Zählung ergab die stolze Zahl von 1,5 Millionen Soldaten.

Joabs Vermutung über die Einstellung Gottes zu diesem Vertrauensbruch erwies sich als richtig. Das kleine Königreich wurde von einer Pestilenz schrecklichen Ausmaßes heimgesucht, an der 70 000 Menschen starben. In 2. Samuel 24 wird uns berichtet, daß der Engel des Herrn, der die Strafe ausführte, von Gott zurückgehalten wurde, als die Epidemie die Stadt Jerusalem bedrohte.

Auf diesem Umweg offenbarte Gott die Tempelstätte; der Engel befand sich gerade bei der „Tenne Aravnas", eines königstreuen Jebusiters, als Gott ihn anhielt. Der Prophet Gad empfahl David, dem Aravna die Tenne abzukaufen und dem Herrn an dieser Stelle einen Altar zu bauen. Dann würde die Plage aufhören.

Aravna ließ David nehmen und opfern, was ihm gefiel; er verweigerte jede Bezahlung. Aravna war es eine Ehre, daß der König zu ihm kam.

„Mein Herr und König nehme sie und opfere, was ihn gutdünkt . . . Der Herr, dein Gott, sei dir gnädig!" (2. Samuel 24, 22-23).

Doch David wollte sich das Land unter keinen Umständen schenken lassen. Er bezahlte den Platz.

„Nicht also, sondern ich will es dir abkaufen gemäß seinem Werte; denn ich will dem Herrn, meinem Gott, kein Brandopfer darbringen, das mich nichts kostet" (2. Samuel 24, 24).

Dort, auf dem Berg Morija, auf dem Abraham Isaak opfern wollte, baute David Gott einen Altar. Es war der Berg aus 1. Mose 22, 2. Jener Berg wurde der Tempelplatz.

Der Auftrag zum Bau des Tempels

David, der mittlerweile alt und müde geworden war, begann nun damit, die besonderen Baumaterialien und Zahlungsmittel für den Tempel zu beschaffen. In einem Gespräch mit seinem Sohn Salomo übertrug er ihm die eigentliche Aufgabe des Tempelbaus und legte mit ergreifender Aufrichtigkeit seine eigene Rolle und sein Versagen dar:

„Und er rief seinen Sohn Salomo und gebot ihm, das Haus des Herrn, des Gottes Israels, zu bauen. David aber sprach zu Salomo: Mein Sohn, ich hatte im Sinne, dem Namen des Herrn, meines Gottes, ein Haus zu bauen; aber das Wort des Herrn erging an mich und sprach: Du hast viel Blut vergossen und große Kriege geführt; du sollst meinem Namen kein Haus bauen, weil du so viel Blut vor mir auf die Erde vergossen hast! Siehe, ein Sohn, der dir geboren werden soll, wird ein Mann der Ruhe sein; denn ich will ihm Ruhe geben vor allen seinen Feinden ringsumher, darum soll er Salomo heißen [Ab-

leitung von shalom = „Friede"]; denn ich will Israel Frie-
den und Ruhe geben sein Leben lang. Der soll meinem
Namen ein Haus bauen. Und er soll mein Sohn sein,
und ich will sein Vater sein und seinen königlichen Thron
über Israel befestigen ewiglich! So sei nun der Herr mit
dir, mein Sohn, daß es dir gelinge, dem Herrn, deinem
Gott, ein Haus zu bauen, wie er von dir gesagt hat! Der
Herr wolle dir nur Weisheit und Verstand geben und
möge dich zum Herrscher über Israel bestellen . . . Sei
stark und tapfer! Fürchte dich nicht und verzage nicht!
Und siehe, in meiner Mühsal habe ich für das Haus des
Herrn hunderttausend Talente Gold bereitgestellt und
tausendmal tausend Talente Silber [ein Talent wird auf
etwa 30 000 D-Mark geschätzt]; dazu Erz und Eisen, das
nicht zu wägen ist; denn es ist dessen sehr viel. Auch
habe ich Holz und Steine angeschafft, und du kannst
noch mehr dazutun. Und es sind bei dir Steinmetzen,
Handwerker, Maurer und Zimmerleute und allerlei weise
Meister für allerlei Werk. Des Goldes, Silbers, auch des
Erzes und Eisens ist keine Zahl. Mache dich auf und tue
es, und der Herr sei mit dir!" (1. Chronika 22, 6-16).

David wandte sich darüber hinaus an die Obersten des
Landes – die führenden Handelsleute und Einflußreichen
im Volk – und befahl ihnen, Salomo bei der Ausführung
seiner großen Aufgabe zu unterstützen:

„Ist nicht der Herr, euer Gott, mit euch und hat euch
Ruhe gegeben ringsumher? Denn er hat die Einwohner
des Landes in meine Hand gegeben, und das Land ist
dem Herrn und seinem Volk unterworfen. So richtet nun
euer Herz und eure Seele darauf, den Herrn, euren Gott,
zu suchen! Und macht euch auf und bauet Gott, dem
Herrn, ein Heiligtum, daß man die Lade des Bundes des
Herrn und die heiligen Geräte Gottes in das Haus

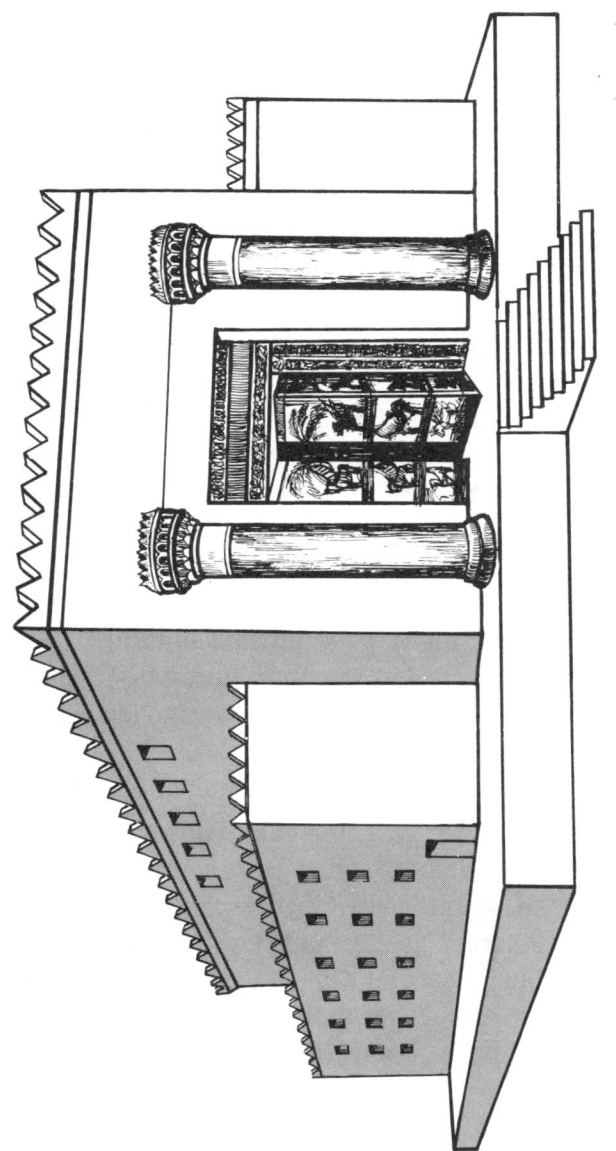

Außenansicht des Salomonischen Tempels (Rekonstruktion nach Stevens)

bringe, das dem Namen des Herrn gebaut werden soll!"
(1. Chronika 22, 18-19).

Der Tempel wird gebaut

Der neue König war seinem Vater ebenbürtig. Gott hatte ihm Weisheit verheißen, und in der Tat war er einer der klügsten und gebildetsten Männer, die jemals auf einem Thron gesessen haben. Als äußerst geschickter Staatsmann, weiser Philosoph, Verfasser des Hohenliedes, der Sprüche und des Predigers bleibt Salomo selbst in der Weltliteratur als interessante, mächtige Herrscherfigur unübertroffen.

Er führte in seinem Land ein neues Gesetz- und Ordnungswesen ein, und während er den Reichtum und die Bedeutung des kleinen Staates Israel inmitten der mächtigen Nationen seiner Zeit vermehrte, wahrte Gott den Frieden. Salomo pflegte die Bündnisse mit Ägypten, Phönizien und den mächtigen Städten des Nahen Ostens wie Tyrus, Sidon, Babylon und Ninive. Er schuf und unterhielt eine große Handelsflotte im Roten Meer und entsandte Grubenexpeditionen nach Arabien, um nach wertvollen Erzen zu suchen.

Und er krönte Jerusalem mit dem Tempel des Herrn.

Der große Tempel war kein einfaches Bauwerk, sondern ein viereckiger Komplex mit einer ganzen Anzahl einzelner Gebäude. Das eigentliche Heiligtum, im dem sich das Heilige und das Allerheiligste befanden, war etwa 30 Meter lang, etwa 10 Meter breit und 4 Stockwerke hoch. Es bestand aus Balken aus Zedernholz, die rundherum mit reinem Gold überzogen waren. Mit Gold ging man großzügig um; man verwendete es für die Balken der Hauptdecke, die Pfosten, Türen und Wände, die Kronleuchter, Lampen, Lichtscheren, Löffel und die verschiedenen Geräte. Überall wurden kostbare Edelsteine eingesetzt. Zwei goldüberzogene Cherubim wachten über der Bundeslade. Der Arbeitsaufwand war ungeheuerlich. Man überlege einmal, daß die Halle vor dem Haupthaus eine Höhe von sechzig Metern aufwies – dieses Bauwerk könnte man heute ohne weiteres als modernen Wolkenkratzer bezeichnen. Riesige Steinblöcke mußten bis zu dieser atemberaubenden, zwanzigstöckigen Höhe hinaufgeschafft werden. 150 000 Arbeiter und sieben Jahre waren nötig, um den Tempelbau fertigzustellen. Er war ein Wunder der damaligen Welt.

Die Tempeleinweihung

Die Einweihungsfeierlichkeiten müssen ganz einmalig gewesen sein. Der König Salomo hatte mitten in den Vorhof eine eherne Kanzel setzen lassen, von wo aus er vor dem ganzen Volk ein Einweihungsgebet sprach.

In diesem Gebet, das uns in 2. Chronika 6 wiedergegeben ist, bringt der König in literarisch unübertroffener Schönheit seinen Dank und seine Bitte vor Gott. Es weist Züge auf, wie wir sie im Vaterunser finden. Auch Salomo bittet um Vergebung für die Übertretungen seines Volkes und um Erlösung von dem Bösen. Für seine faszinierte Gemeinde geht er noch einmal auf die Verheißungen Gottes an seinen Vater David ein und schildert, wie dieser ihm, Salomo, die gewaltige Aufgabe des Tempelbaus übertragen habe.

Vor der versammelten Gemeinde redet er mit Gott:

„Und er trat vor den Altar des Herrn, angesichts der ganzen Gemeinde Israel, und breitete seine Hände aus . . . gen Himmel und sprach: O Herr, Gott Israels! Kein Gott ist dir gleich, weder im Himmel noch auf Erden; der du

*den Bund und die Barmherzigkeit beobachtest deinen
Knechten, die von ganzem Herzen vor dir wandeln!"
(2. Chronika 6, 12.14).*

Salomo betet mit großer Demut:

*„Sollte aber Gott wahrhaftig bei den Menschen auf Er-
den wohnen? Siehe, der Himmel und aller Himmel
Himmel können dich nicht fassen; wie sollte es denn dieses Haus tun, das ich gebaut habe? (Vers 18).*

Er weiht den Tempel:

*„Und mache dich nun auf, o Gott, Herr, zu deiner Ruhe,
du und die Lade deiner Macht!" (Vers 41).*

Kurz nach diesem Gebet erschien Gott des Nachts dem
Salomo und nahm den heiligen Tempel an:

*„Ich habe dein Gebet erhört und mir diesen Ort zur
Opferstätte erwählt" (2. Chronika 7, 12).*

Die Freigabe des Tempels für den normalen Gottesdienst geht mit einer wundersamen Erscheinung einher:

*„Da ward das Haus des Herrn mit einer Wolke erfüllt,
so daß die Priester wegen der Wolke nicht zum Dienste
antreten konnten, denn die Herrlichkeit des Herrn erfüllte das Haus Gottes" (2. Chronika 5, 13-14).*

Dies erinnert an die Gespräche, die Mose mit Gott
führte, beispielsweise in 2. Mose 19, 9: „Da sprach der
Herr zu Mose: Siehe, ich will in einer dicken Wolke zu dir
kommen" und in 2. Mose 20, 21: „Und das Volk stand von
ferne; Mose aber machte sich hinzu in das Dunkel, darin-
nen Gott war."

So entstand der Tempel. Jahrhunderte vergingen, und
das Haus des Herrn überdauerte sie alle.

Mit dem Tempelbau hätte die Geschichte enden kön-

Der Salomonische Tempel im Grundriß und Längsschnitt

nen, die endlose Leidensgeschichte des jüdischen Volkes. Doch im Laufe der Jahre vergaßen die Juden ihren Gott und den schrecklichen Kampf ihrer Vorfahren um das Gelobte Land und den Tempel. Gott mußte den Fluch über sie bringen, den er ihnen im Falle eines Abweichens von seinen Geboten angekündigt hatte.

Die Zerstörung des Salomonischen Tempels

Unermüdlich riefen Jesaja und insbesondere Jeremia dem Volk ins Gedächtnis, daß Gott völligen Glauben und absoluten Gehorsam von ihm verlange. Sie sahen schreckliche Zerstörung auf Israel zukommen wegen seines leichtfertigen Gottesdienstes. Sie warnten vor dem Zorn Gottes.

Vierhundert Jahre nach der Einweihung des herrlichen Tempels durch den König Salomo fiel ein feindliches Heer in Israel ein. Der Tempel wurde geplündert und niedergebrannt. Die Babylonier eroberten Israel, rissen die Mauern um Jerusalem nieder, setzten die Stadt in Brand und metzelten jung und alt, Männer und Frauen gleichermaßen nieder – sogar mitten im Heiligtum des Tempels.

„Aber sie verspotteten die Boten Gottes und verachteten seine Worte und verlachten seine Propheten, bis der Zorn des Herrn über sein Volk so hoch stieg, daß keine Heilung mehr möglich war. Da ließ er den König der Chaldäer wider sie heraufkommen, der tötete ihre Jungmannschaft mit dem Schwert im Hause ihres Heiligtums und verschonte weder Jünglinge noch Jungfrauen, weder Alte noch Hochbetagte, – alle gab er in seine Hand. Und alle Geräte des Hauses Gottes, die großen und die kleinen, und die Schätze des Hauses des Herrn und die Schätze des Königs und seiner Fürsten, alles ließ er nach Babel führen" (2. Chronika 36, 16-18).

Und sie verbrannten das Haus Gottes.

Der eifrige Eroberer war der Feldmarschall Nebusaradan, „der Oberste der Leibwache", wie er in 2. Könige 25, 8 betitelt wird. Der damalige babylonische König hieß Nebukadnezar. Er hatte die Belagerung Jerusalems persönlich überwacht.

Während der Amtszeit Nebukadnezars wurde die Stadt und der Tempel schrittweise eingenommen. Babylon war zu jener Zeit ein außergewöhnlich mächtiges Reich. 2. Könige 24, 7 berichtet uns: „Der König von Babel hatte alles eingenommen, was dem König von Ägypten gehörte, vom Bache Ägyptens bis an den Euphratstrom." Die Großmächte Ägypten und Babylon hatten das kleine Israel wieder einmal in die Zange genommen.

Mit 18 Jahren trat der israelische König Jojachin sein unglückliches Erbe an. Er war noch gar nicht lange im Amt, da legten Nebukadnezar und das babylonische Kriegsheer ihren Belagerungsring um die Hauptstadt. Der jugendliche König ging mit seiner Mutter und seiner Gefolgschaft hinaus vor das Tor, um sich zu ergeben.

Zu diesem Zeitpunkt ließ Nebukadnezar Jerusalem noch nicht niederbrennen. Er glaubte, eine Massenverbannung würde genügen, um die jüdische Nation ein für allemal aus der Welt zu schaffen.

Das Buch der Könige schildert die grausame Geschichte der Verwüstung einer einst mächtigen Nation:

„Und er [Nebukadnezar] brachte von dannen heraus alle Schätze im Hause des Herrn und die Schätze im Hause des Königs und zerschlug alle goldenen Geräte, welche Salomo, der König von Israel, im Tempel des Herrn gemacht – wie der Herr gesagt hatte. Und er führte ganz Jerusalem gefangen hinweg, nämlich alle Obersten und alle kriegstüchtigen Männer, zehntausend

Gefangene, auch alle Schlosser und alle Schmiede, und lieβ nichts übrig als geringes Landvolk" (2. Könige 24, 13-14).

Welch eine furchtbare Vergeltung! Der König der Babylonier führte fast das ganze Volk Israel in die Gefangenschaft. Er beschränkte sich absichtlich nicht auf Soldaten und die führende Schicht, sondern deportierte auch die Handwerker. Israel konnte sich unmöglich wieder erholen. Nur die Armen und Bedürftigen waren geblieben.

Der Text berichtet weiter, daß Nebukadnezar auch den jungen König und seine Familie als Sklaven wegführte. Daraufhin setzte er Zedekia, Jojachins Onkel, auf den Thron in Jerusalem.

Doch nach alledem ließen sich die Juden noch immer nicht unterkriegen. In elf Jahren baute sich Israel aus den Trümmern eine neue Existenz; dann rebellierte der Marionettenkönig seinerseits gegen Babylon.

Er hatte jedoch keine Chance.

Diesmal schlug Nebukadnezar erbarmungslos zu. Er umringte Jerusalem in einer gnadenlosen Belagerung und schnitt der volkreichen Stadt die Lebensmittelversorgung ab. Die jüdische Armee stahl sich des Nachts aus der Stadt und desertierte. Der König versuchte ebenfalls zu fliehen, wurde jedoch von einem Kommando der chaldäischen Armee gefangengenommen. Man brachte ihn vor den König Nebukadnezar.

Zedekia wurde grausam bestraft. Seine Söhne wurden vor seinen Augen geschlachtet; dann blendete man ihn und führte ihn in Ketten nach Bàbel.

Erst jetzt erschien Nebusaradan auf der Bildfläche. Offensichtlich hatte er Befehl, Jerusalem vollends zu vernichten.

Hohe Regierungsbeamte und Offiziere wurden massenweise hingerichtet. Der bitterste Schlag, die Zerstörung des Tempels, wurde so vollkommen ausgeführt, daß der 140 000 Quadratmeter große, viereckige Gebäudekomplex spurlos verschwand. Kein Stein blieb auf dem andern.

Den Aussagen der Bibel zufolge hatten die Juden Gottes Strafgericht herausgefordert. Mit jedem neuen König erscheint das unheilvolle Wort: „Und er tat, was in den Augen des Herrn, seines Gottes, böse war" (2. Chronika 36, 5.9.12).

Das Schicksal der Juden ist immer von besonderer Art gewesen. Beides, Heil und Unheil, ist ihnen stets in großem Maße zuteil geworden, je nach ihrem Verhalten Gott gegenüber. Gerade das Überleben dieses Volkes durch die Jahrtausende hindurch ist ein Beweis für das außergewöhnliche Handeln Gottes an ihm. Wo sind die anderen mächtigen Nationen jener Zeit geblieben? Wo die gewaltigen Armeen Babylons, wo die blutrünstigen Chaldäer? Die Philister, Hethiter, Moabiter und viele andere große Völker sind spurlos verschwunden. Dagegen haben die Juden - nach Jahren pausenloser Verfolgung und Zerstreuung - überlebt und dazu noch ihre Hauptstadt und die heilige Tempelstätte wiedergewonnen.

Gottes Warnung mißachtet

Jene Juden, die ihren ersten prächtigen Tempel verloren, konnten nicht behaupten, daß sie nicht gewarnt worden wären. 150 Jahre vor der babylonischen Belagerung wehklagte Jesaja über die Zukunft:

„Deine heiligen Städte sind zur Wüste geworden; Zion ist verwüstet, Jerusalem zerstört! Unser heiliges und herrliches Haus, darin unsere Väter dich gelobt haben, ist in Flammen aufgegangen, und alles, was uns teuer war, ist verwüstet!" (Jesaja 64, 9-10).

Doch Jesaja galt lediglich als Miesmacher.

Jahre später, im ersten Regierungsjahr des schrecklichen Nebukadnezar, rückte der Prophet Jeremia die zukünftigen Ereignisse ins Blickfeld:

„Darum spricht der Herr der Heerscharen also: Weil ihr meinen Worten nicht gehorcht habt, siehe, so sende ich nach allen Geschlechtern des Nordens und hole sie herbei, auch meinen Knecht Nebukadnezar, den König zu Babel, und lasse sie kommen über dieses Land und über alle seine Bewohner... und ich will sie dem Bann preisgeben und sie zum Entsetzen und zum Gespött und zu ewigen Wüsteneien machen und will daselbst verstummen lassen das Jubel- und Freudengeschrei, die Stimme des Bräutigams und der Braut; keine Mühle soll mehr klappern und die Lampe nicht mehr leuchten; und dieses ganze Land soll zur Wüste und zum Entsetzen werden, und diese Völker sollen dem babylonischen König dienen, siebzig Jahre lang" (Jeremia 25, 8-11).

Man könnte doch annehmen, daß man einen Propheten, wenn er Namen und Orte nennt und seine Darlegungen mit voraussehbaren politischen Entwicklungen vernünftigerweise in Einklang stehen, ernst nähme. Was Jeremia jedoch erlebte, ist bemerkenswert und sehr lehrreich, weil wir in unserer Generation ähnliches erleben.

Jeremia wurde eingesperrt.

Die Stimme gegen den Tempel und gegen Jerusalem zu erheben, war gleichbedeutend mit Hochverrat. Jeremia, die Stimme des Herrn, wurde ein politischer Häftling.

Sein Prozeß war eine seltsame Angelegenheit. Die Priester bestanden - wie die Pharisäer, die Jesus vor Gericht stellten - auf der Todesstrafe. Hatte nicht dieser jämmerliche Prophet in seinem Geschwätz die mächtige Stadt Jerusalem mit Silo verglichen? (Silo, die Stätte der Bundeslade Gottes vor der Zeit Salomos, war von kriegerischen Eindringlingen verwüstet worden.)

Die Fürsten, die dem Prozeß beiwohnten, waren vorsichtiger. Wann hatte jemals jemand ungestraft einen Propheten Gottes umgebracht? Es wäre doch unklug, sich die Hände mit seinem Blut zu beschmutzen. Man denke nur an die früheren Propheten Micha und Uria, die auch gegen Jerusalem geweissagt hatten.

Und so sperrten sie ihren Propheten ein.

Wegen der immer wieder erfolgreichen Verteidigung ihrer Hauptstadt in den 400 Jahren seit Salomo wiegten sich die Juden in Sicherheit. Die Ägypter, Syrer und die brutalen Assyrer – alle hatten die strategisch günstige, hochgelegene Festung Jerusalem angegriffen und waren gescheitert.

Wie Jeremia jedoch deutlich betont hatte, hatten in jenen schicksalsschweren Tagen die Verteidiger die Macht Gottes auf ihrer Seite gehabt. Nun war alles anders. Das Volk Israel hatte sich im Laufe der Jahrhunderte von Gott abgewandt. Meinten sie denn, Gott könne den Spieß nicht auch umdrehen? Glaubten sie wirklich, daß die Gottesfurcht ihrer Vorfahren eine Garantie für ewige Unbezwinglichkeit sei?

Als untröstlicher Zeuge mußte Jeremia die genaue Erfüllung all seiner Prophezeiungen miterleben.

Josephus' merkwürdiger Bericht

Josephus, ein jüdischer Geschichtsschreiber des 1. Jahrhunderts nach Christus und römischer Staatsbürger, gibt einen interessanten Hinweis auf eine merkwürdige Erscheinung bei der Zerstörung des Salomonischen Tempels.

Es scheint, als habe Gott tatsächlich seine Hand im Spiel gehabt. Josephus schrieb zwar über die Zerstörung des zweiten Tempels, worauf wir gleich noch zurückkommen werden, dennoch schenkte er einem ganz besonderen Vorkommnis in Verbindung mit dem ersten Tempel seine Beachtung: „Für Titus [den römischen General, der im Jahre 70 nach Christus den zweiten Tempel zerstörte] sprudeln jene Quellen noch reicher, die euch zuvor das Naß verweigerten."

Josephus spricht hier von den Wasserquellen außerhalb der Stadtmauern Jerusalems. In dieser heißen, trockenen Gegend war die Wasserversorgung für ein feindliches Heer stets eine heikle Angelegenheit. Der Historiker berichtet, daß die Quellen, deren Dürftigkeit bislang eine Wasserrationierung erforderlich gemacht hatten, nunmehr Titus und seinen römischen Truppen reichlich Wasser spendeten:

„Ihr wißt ja, wie damals, ehe er kam, der Siloahteich und alle Quellen vor der Stadt austrockneten, so daß man das Wasser in Gefäßen kaufen mußte. Nunmehr aber spenden sie euren Feinden eine solche Fülle, daß nicht nur sie selbst und ihre Tiere reichlich davon haben, sondern daß sie auch noch die Gärten damit bewässern können."

Die römische Besatzungsmacht besaß jede Menge Wasser, und zwar nicht nur für die Belange ihrer Zivilisten, sondern, was am wichtigsten war, auch für die Belagerungstruppen um Jerusalem. An dieser Stelle blendet nun der Geschichtsschreiber zurück in die Zeit des Angriffs Nebukadnezars: „Schon früher einmal, als die Stadt eingenommen wurde, geschah dieses Zeichen, nämlich seinerzeit, als der genannte König von Babylon [Nebukadnezar] mit dem Heer anrückte und Stadt und Tempel einäscherte."

Ohne Zweifel unterstreicht dieser Hinweis Jeremias

Warnung, daß Gott auch militärische Bewegungen steuern kann und notfalls die Heiden („mein Knecht, den babylonischen König Nebukadnezar", Jeremia 27, 6) dazu benutzt, um sein Volk zu strafen. Und doch tröstet er sie, solange sie in dieser Heimsuchung sind.

Josephus ist natürlich kein biblischer Schreiber. Aber als weltlicher Geschichtsschreiber liefert er in diesem Zusammenhang eine bedeutende Information. Seiner Berichterstattung haben wir es zu verdanken, daß viele Berichte über Ereignisse der damaligen Zeit Glaubwürdigkeit und Bestätigung erfahren haben.

Jeremias Klage damals – und heute?

Jeremia selbst verspürte herzlich wenig Genugtuung angesichts der Richtigkeit seiner Weissagungen. Es jammerte ihn zutiefst, mitansehen zu müssen, wie die heilige Stadt zerstört und das Volk ausgehungert wurde. Am meisten schmerzte ihn jedoch das Schicksal des Tempels.

Unter der Last tiefen Mitleidens für sein Volk schrieb er die Klagelieder, mit denen er in einem klagevollen Versmaß wie in einem Trauergesang die Verwüstung Jerusalems beweint. Dieses majestätische Werk, ein Höhepunkt der großen Literatur des Alten Testaments, kann an dieser Stelle nur ungenügend wiedergegeben werden, um dem Leser das rechte Verständnis seiner wahren Größe und Bedeutung zu vermitteln. „Der Herr ist geworden wie ein Feind", klagt Jeremia und fährt dann fort:

„Er hat Israel vertilgt, alle seine Paläste vernichtet; er hat seine Festungen zerstört und hat der Tochter Juda viel Klage und Wehklage verursacht. Er hat sein Gehege verwüstet wie einen Garten, sein Versammlungshaus zerstört . . . Der Herr hat seinen Altar verabscheut,

sein Heiligtum verflucht; er hat die Mauern ihrer Pa-
läste der Hand des Feindes preisgegeben . . . Der Herr
hatte sich vorgenommen, die Mauer der Tochter Zion
zu zerstören . . . Ihre Tore sind in den Erdboden ver-
sunken, ihre Riegel hat er verderbt und zerbrochen; ihr
König und ihre Fürsten sind unter den Heiden; es ist
kein Gesetz mehr da, auch bekommen ihre Propheten
keine Offenbarung mehr vom Herrn" (Klagelieder 2,
5-9).

Diese Worte Jeremias haben sich nun erfüllt. Es ist
zu spät, um Buße zu tun. Jeremia kann nur noch einen
ergreifenden Bericht von den Ereignissen geben:

„Die Ältesten der Tochter Zion liegen schweigend auf
der Erde; sie haben Staub auf ihr Haupt gestreut und sich
mit dem Sack umgürtet; die Jungfrauen von Jerusalem
senken ihr Haupt zur Erde. Meine Augen sind ausge-
weint" (Klagelieder 2, 10-11).

Jeremias literarisches Werk endet schließlich in einem
traurigen Totengesang. Seine Aufgabe war darauf beschränkt gewesen, die tragische Entwicklung bis hin zum
Niedergang des ersten Tempels vorauszuschauen. Wie
viele Tränen hätte er erst vergossen, hätte er die Schick-
salsstunde des zweiten Tempels vorausahnen können –
den Hungertod von buchstäblich einer Million Menschen
und einmal mehr die Verwüstung der heiligen Stätte.

Aber selbst jene Katastrophe hätte vergleichsweise nur
gelinde Klagelieder ausgelöst. Angenommen, Jeremia wäre in der Lage gewesen, in der wir uns heute befinden:
Er hätte die Zerstörung des dritten Tempels, des Tempels
der Großen Trübsal, vorausgesehen. Da erst hätte er über
den Untergang nahezu der gesamten Menschheit in Harmagedon weinen und klagen können.

Unbelehrbare Menschheit

Werden die Menschen aus diesen Katastrophen eine Lehre ziehen? Nach Meinung der Propheten mit Sicherheit nicht. Man spottet noch immer. Mit Daniel, Paulus, Johannes und Jesus Christus geht man heute noch genauso um wie die Juden im damaligen Israel mit Jesaja und Jeremia.

Zwischen damals und heute hat sich kaum etwas geändert. Die Juden zur Zeit Jeremias hätten durch Umkehr und Buße die Strafe Gottes abwenden können. Die Situation ist heute dieselbe. Nach der Schrift wird der Herr Jesus noch vor der Großen Trübsal die Kinder Gottes zu sich nehmen und sie vor den schrecklichen Gerichten der letzten Zeit retten.

Wir haben es heute viel einfacher als die Juden damals. Seit dem ersten Kommen Jesu Christi brauchen wir nur noch zu bitten. Wir brauchen kein kompliziertes Gesetz mehr zu erfüllen, brauchen nicht für unsere vergangenen Sünden zu büßen.

Jeremia drückt dies am Schluß seiner Klagelieder sehr treffend aus: „Du aber, o Herr, bleibst ewiglich, dein Thron besteht für und für! Bringe uns zu dir zurück, o Herr, so kehren wir um" (Klagelieder 5, 19.21).

Die Juden blieben, wie Jeremia vorausgesagt hatte, rund 70 Jahre in babylonischer Gefangenschaft. Am Ende dieser Zeit löste Gott ihre Ketten und ließ sie das zerstörte Jerusalem wieder aufbauen. Der Traum eines jeden Juden war es, das Haus des Herrn an der vorgeschriebenen Stelle wiederaufzubauen.

Wenden wir uns nun dem Drama des zweiten Tempels zu.

5

DER HERODIANISCHE TEMPEL

Nun befand sich der größte Teil des jüdischen Volkes in Babylon in der Verbannung. Das Jahr der ersten Belagerung Nebukadnezars war 605 vor Christus. Bis 586 vor Christus wurden die Juden scharenweise verschleppt.

Das Buch Jeremias wurde von den Armeen Nebukadnezars unterschätzt und nicht für wert befunden, mitgenommen zu werden. Es blieb in den Ruinen Jerusalems zurück. Aber die darin aufgezeichneten Weissagungen behielten ihre Gültigkeit. Unter den Gefangenen in Babylon befand sich ein junger Mann namens Daniel. Er war am Hofe des Königs.

Daniels Gebet um Befreiung und Rückkehr

Daniel war ein frommer, gottesfürchtiger Mann, der die Freiheit herbeisehnte und sein langes Leben hindurch nicht aufhörte, treu für Israel zu beten. Er sollte nicht nur die 70 Jahre Gefangenschaft miterleben, sondern auch noch die Rückkehr nach Jerusalem und die Grundsteinlegung für den zweiten Tempel. Ein Jammer, daß dieser Mann, der einen so großen Glauben besaß und mit so viel Geduld wartete, noch nicht die klare Botschaft in Jeremia 29, 10.14 hatte lesen können:

„Denn also spricht der Herr: Wenn die siebzig Jahre für Babel erfüllt sind, so will ich euch heimsuchen und mein

gutes Wort, euch an diesen Ort [das Heilige Land] zu-
rückzubringen, ausführen . . . und werde euer Gefängnis
wenden und euch sammeln aus allen Völkern und von
allen Orten, dahin ich euch verstoßen habe, spricht der
Herr, und werde euch wieder an den Ort zurückbringen,
von welchem ich euch habe gefangen wegführen lassen."

Anscheinend waren Jeremias unpopuläre Visionen im
Interesse der nationalen Sicherheit nicht weitergegeben
worden; Daniel, dem das Wort Gottes verwehrt war,
betete 70 Jahre lang um Befreiung.

Der ehrwürdige Prophet hatte dann kurz vor Ende der
Gefangenschaft doch noch Gelegenheit, die Offenbarung
des Jeremias zu lesen. Endlich konnte er sagen:

„Ich, Daniel, merkte in den Schriften auf die Zahl der
Jahre, während welcher, nach dem Worte des Herrn an
den Propheten Jeremia, Jerusalem in Trümmern liegen
sollte, nämlich siebzig Jahre" (Daniel 9, 2).

Daniels Warten auf Freiheit und sein Gottesglaube
konnten es ohne weiteres mit dem unerschütterlichen
Glauben eines Abraham aufnehmen.

Daniels Gebet um die Rückkehr des Volkes und den
Wiederaufbau Jerusalems ist ein eindrucksvoller Abschnitt seines wunderbaren Buches:

„Und ich wandte mein Angesicht zu Gott, dem Herrn,
um ihn zu suchen mit Gebet und Flehen, mit Fasten im
Sack und in der Asche. Ich betete aber zu dem Herrn,
meinem Gott, bekannte und sprach: Ach, Herr, du großer
und schrecklicher Gott, der du den Bund und die Gnade
denen bewahrst, die dich lieben und deine Gebote be-
wahren! Wir haben gesündigt, unrecht getan, sind gott-
los und widerspenstig gewesen und von deinen Geboten
und Rechten abgewichen. Du, Herr, bist im Recht, uns

aber treibt es heute die Schamröte ins Gesicht, allen Juden und Bürgern von Jerusalem und dem ganzen Israel, seien sie nah oder fern in allen Ländern, dahin du sie verstoßen hast, weil sie sich an dir vergangen haben. Uns, Herr, treibt es die Schamröte ins Gesicht, unsren Königen, Fürsten und Vätern, daß wir gegen dich gesündigt haben!" (Daniel 9, 3-5. 7-8).

Für Jerusalem und den Tempel fleht Daniel:

„O Herr, laß doch um all deiner Gerechtigkeit willen deinen Zorn und Grimm sich abwenden von der Stadt Jerusalem, von deinem heiligen Berge! Denn um unserer Sünden und um unserer Väter Missetaten willen wird Jerusalem und dein Volk von allen seinen Nachbarn beschimpft. So höre nun, unser Gott, auf das Gebet deines Knechtes und auf sein Flehen und laß dein Antlitz leuchten über dein verwüstetes Heiligtum, um des Herrn willen!" (Daniel 9, 16-17).

Daniel schließt mit der eindringlichen Bitte:

„Herr, höre! Herr, vergib! Herr, merke auf und handle und verziehe nicht, um deiner selbst willen, mein Gott! Denn nach deinem Namen ist deine Stadt und dein Volk genannt" (Daniel 9, 19).

Als Antwort auf dieses gewaltige Gebet gibt Gott dem Daniel die Siebzig-Jahrwochen-Vision. Daniel berichtet, daß der Engel Gabriel kurz vor Schluß seines Gebets zu ihm kam:

„Und er unterwies mich und redete mit mir und sprach: Daniel, jetzt bin ich ausgegangen, dir den Verstand zu erleuchten!" (Daniel 9, 22).

Genau das tat er dann auch. Wie wir gesehen haben,

hat die Prophetie über die siebzig Jahrwochen über die Jahrtausende hinweg ihre Gültigkeit bewahrt. Sie ist unanfechtbar.

In Anbetracht seiner demütigen Würdigung des Jeremia muß Daniel seine eigene weitreichende Vision über die Weltgeschichte bis hin zu Christus und zum Tausendjährigen Reich ungeheuer erschüttert haben.

Rückkehr und Wiederaufbau des Tempels

Nicht lange nach Daniels Siebzig-Jahrwochen-Vision wurde alles anders. In einem Krieg zwischen Persien und Babylon wurde Babylon besiegt, und König Cyrus nahm alle Besitztümer der Babylonier als Kriegsbeute an sich. Dazu gehörte auch die Elite der jüdischen Nation und der Prophet Daniel.

Für die versklavten Juden erwies sich der Sieg der Perser als eine günstige Entwicklung. Cyrus war dem jüdischen Volk gegenüber wohlwollend gesinnt – alles in allem ein mustergültiger Eroberer, der die religiösen Anschauungen seiner Gegner stets respektierte. Er gestattete den Juden freien Abzug und Rückkehr in ihre heilige Stadt und erhob auch keine Einwände gegen den Wiederaufbau des Tempels. In ihrem Buch „Jerusalem" berichtet Gabriella Rosenthal:

„Vierzig Jahre später [nach dem Krieg] gestattete der persische König Cyrus, der Eroberer Babylons, den Juden die Rückkehr. Nur die Mutigsten, die Idealisten – und ganz gewiß nicht die Reichsten, obgleich diese das Projekt großzügig unterstützten – wagten es, sich auf dieses abenteuerliche Unternehmen einzulassen. Der Wiederaufbau einer zerstörten Stadt und die Bebauung eines vollkommen verwüsteten Landes ist eine mühsame Arbeit. Sie wurde durch die samaritischen Einwohner noch erschwert und wiederholt durch politische Intrigen behindert. Nachdem der Hauptaltar wiederhergestellt worden war, begann der Bau des neuen Tempels."

Offenbar war es zur damaligen Zeit genauso schwer, den Tempel wiederaufzubauen wie heute. Die Fremden, die unablässig die Gottesstadt bedrohten, bildeten ein schweres Hindernis. Deshalb hielten die Juden in der einen Hand einen Baustein, in der anderen das Schwert.

Der unansehnliche Tempel Serubbabels

Der Wiederaufbau erfolgte laut Esra unter der Leitung des jüdischen Thronfolgers Serubbabel und des Hohenpriesters Josua. Ersterer war ein direkter Nachkomme des Hauses David und wird im Geschlechtsregister Jesu erwähnt (Matthäus 1, 12).

Die Arbeit war auf die beiden Männer zugeschnitten. Es waren nicht die rosigen Zeiten Salomos. Jerusalem war, wie die Propheten vorausgesagt hatten, wirklich eine Wüstenei, und die Heimkehrer, die in Babylon aufgewachsen waren, besaßen nur wenig Pioniergeist. Trotz dieser Schwierigkeiten gelang den beiden Führern der Wiederaufbau eines kleineren, unansehnlichen Tempels. Doch das Volk reagierte unterschiedlich. Esra schreibt:

„Alles Volk lobte den Herrn mit großem Freudengeschrei darüber, daß nun der Grund zum Hause des Herrn gelegt war. Aber viele der alten Priester und Leviten und Familienhäupter, die den früheren Tempel gesehen hatten, weinten laut, als der Grund zu diesem Hause vor ihren Augen gelegt wurde . . . also daß das Volk das Freudengeschrei nicht unterscheiden konnte von dem lauten Weinen im Volk" (Esra 3, 11-13).

Die Augenzeugen des ersten Tempels, die in den Neunzigern gewesen sein müssen, waren über die bescheidenere Ausführung tief betrübt.

Der Allmächtige bestärkte sie in ihrer Meinung, als er sich durch den Propheten Haggai dazu äußerte:

„Wer ist unter euch übriggeblieben, der dies Haus in seiner früheren Herrlichkeit gesehen hat? Und wie sehet ihr es jetzt? Ist es nicht so viel wie nichts in euren Augen?" (Haggai 2, 3).

Haggai fährt fort:

„Ich will auch alle Nationen erschüttern, und es werden die Kostbarkeiten aller Nationen kommen, und ich will dieses Haus mit Herrlichkeit erfüllen, spricht der Herr der Heerscharen. Es soll die Herrlichkeit dieses letzten Hauses größer werden, als die des ersten war, spricht der Herr der Heerscharen; und an diesem Orte will ich Frieden geben, spricht der Herr der Heerscharen" (Haggai 2, 7.9).

Die erste Tempelschändung

Einige Jahrhunderte lang bis zur Zeit der Makkabäer (165 vor Christus) blieb es verhältnismäßig ruhig. Anscheinend behielten die Juden ihr kostbares nationales Erbteil, obgleich ihr Land ein ständiger Tummelplatz für die gewaltigen militärischen Auseinandersetzungen der Großmächte blieb. Alexander der Große sowie Armeen aller Nationen durchquerten es nach Belieben, raubten und plünderten. Dennoch hielten die Juden an ihrem Tempelgottesdienst und ihren Opfern fest.

Der Tempel als solcher findet in den weltlichen Chroniken der antiken Geschichte im Gegensatz zu den glorreichen Tempeln Griechenlands und Roms keine rühmliche Erwähnung. Im Jahre 167 vor Christus schändete der griechisch-syrische Herrscher Antiochus Epiphanes, ein rücksichtsloser Soldat, das Haus des Herrn und opferte ein Schwein auf dem großen Altar. Die Makkabäer, die jüdischen Freiheitskämpfer jener Zeit, weihten den Tempel neu und begründeten damit das Fest der Tempelweihe. Jesus hielt sich treu an dieses Fest (Johannes 10, 22), das auch heute noch von den orthodoxen Juden gefeiert wird.

Der Tempelneubau durch Herodes

Das nächste bedeutende Ereignis in der Tempelgeschichte bringt uns in das Jahrhundert vor Christus, in die Regierungszeit Herodes des Großen, jenes wahnsinnigen, von den Römern eingesetzten Königs.

Das Privatleben des Herodes liefert Stoff für eine Gruselgeschichte. Es ist randvoll mit Morden an seinen eigenen Frauen und Kindern. In seinem Verfolgungswahn schreckte er vor nichts zurück und verdächtigte nahezu jeden in Jerusalem der Verschwörung gegen ihn. In der Öffentlichkeit ließ er sich gern als eine Art weiser und gerechter König salomonischer Größe feiern.

Zwar konnte er dem berühmten König Salomo das Wasser nicht reichen, doch wies er etliche Charakterzüge auf, die er mit jenem großen Herrscher gemeinsam hatte. Auch Herodes legte Wert auf eine prächtige Hauptstadt und ein luxuriöses Leben am Hofe. Er unterhielt ein Bauprogramm, mit dem er sein Land an den Rand des wirtschaftlichen Ruins trieb. Wie Salomo übernahm er fremdländische Sitten und Gebräuche und bevorzugte die gepflegte Kultur der Griechen vor der derben, praktischen Lebensweise der Juden.

Herodes vertrat die Ansicht, der Hellenismus sei der Einheit seines Königreichs zuträglicher als das Judentum mit seinen lästigen Bräuchen und Gesetzen. Deshalb ließ er in Jerusalem großartige griechische Bauwerke errichten – ein Schauspielhaus und ein Amphitheater – und schmückte die Gottesstadt mit Denkmälern zu Ehren des Augustus und anderer heidnischer Herrscher. Er förderte die Musik und den Sport nach griechischem Vorbild und versuchte, das Interesse seines Volkes für die Gladiatorenkämpfe der Römer zu wecken.

Das Volk Gottes empörte sich beim Anblick der nackten Statuen und wurde durch die nackten Ringkämpfer in den Sportveranstaltungen des Herodes aufs tiefste beleidigt. Der König war ganz offensichtlich ein Knecht Roms, und seine Untertanen schmiedeten Tag und Nacht neue Pläne, wie sie ihn stürzen könnten. Angesichts seiner außergewöhnlichen Stellung im Blick auf Architektur, Politik, Sport, Sitten und Moral ist es durchaus denkbar, daß Jerusalem die größte Touristenattraktion der damaligen Zeit bildete.

Schließlich nahm sich Herodes vor, an die Stelle des alten Gotteshauses einen neuen Tempel zu setzen. Serubbabels Tempel sei zu klein, meinte er. In das zu neuer Pracht und Größe im griechischen Stil aufgestiegene Jerusalem gehöre ein angemessenes Ehrenmal für den Gott, der die Anregung für solche faszinierenden Sagen gegeben hätte, wie sie die gelehrten Juden zu erzählen wüßten. Herodes benutzte die jüdischen „Legenden" als Vorwand, um öffentliche Mittel für das Meisterwerk verwenden zu können. Mit dem Umbau des Tempels gewann er die Anerkennung der jüdischen Führungsschicht sowie eines Großteils der Bevölkerung.

Das Projekt wurde als Umbau des Serubbabel-Tempels ausgegeben; in Wirklichkeit aber war es ein vollständiger

Neubau*. Nach acht Jahren standen die Hauptgebäude, aber für die Ausschmückung und die Ergänzungsbauten waren noch weitere siebzig Jahre nötig.

Dieser Tempel erlangte wegen seiner Schönheit weltweite Berühmtheit. Allerdings mußten die Juden auch eine Reihe offensichtlich heidnischer Besonderheiten in Kauf nehmen. Das Hauptgebäude wurde von mächtigen korinthischen Säulen getragen, und dem jüdischen Verbot von Götzenbildern zum Trotz prangte der verhaßte Adler Roms über dem Eingang.

Auch in anderen Städten Palästinas errichtete Herodes griechische Bauwerke, doch die Juden ließen sich durch die teuren öffentlichen Gebäude keineswegs beeindrukken. Pausenlos schmiedeten revolutionäre Kräfte Pläne, um Herodes zu stürzen. Der alternde König ging dazu über, brutalste Strafen über jeden Verdächtigen zu verhängen. Gelegentlich verkleidete er sich sogar, mischte sich unter das Volk und spielte selber den Detektiv. Trotz der Unzufriedenheit im Volk starb er ungefähr zur Zeit der Geburt Jesu eines natürlichen Todes, doch der Tempelausbau und seine Verschönerung wurden noch über ein halbes Jahrhundert fortgeführt.

Zu Lebzeiten Jesu und lange danach wurde der Tempel ständig durch griechische „Verschönerungen" weiter ausgebaut, bis er selbst unter den prächtigsten architektonischen Bauwerken jener Zeit als wahres Wunder erschien.

Unüberwindliche Tempelfestung?

Der Wert des Tempels als militärische Festung blieb nicht unbeachtet. Der Tempelplatz und die Stadt waren mit

* Maßgebend für die Tempelzählung der Verfasser ist die Zerstörung des vorhergehenden Tempels.

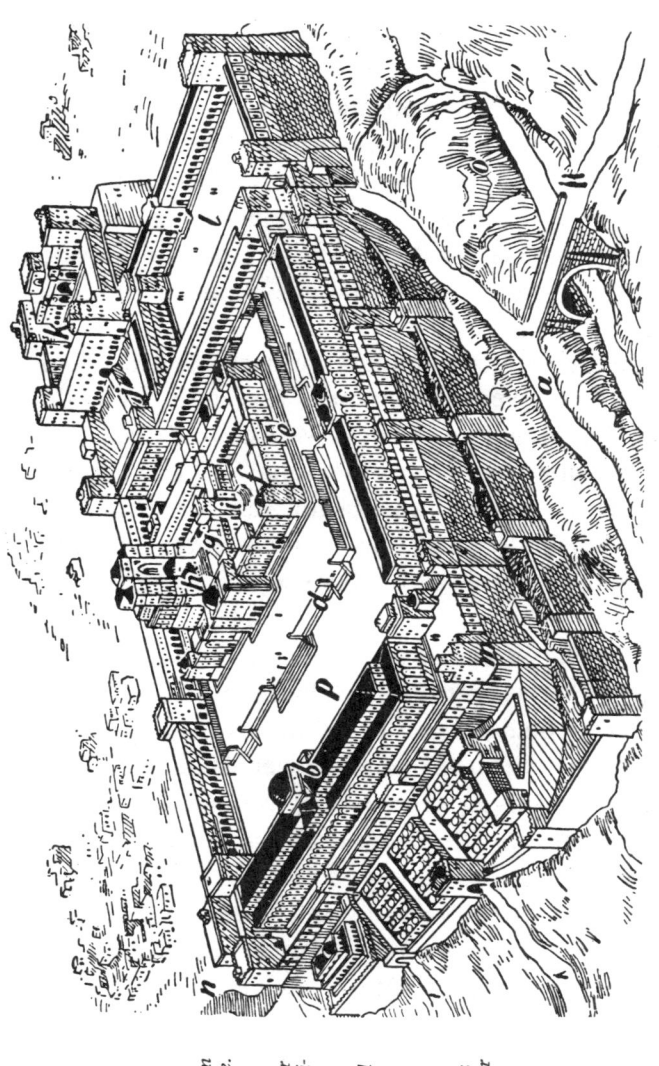

Der Herodianische Tempel nach einer Rekonstruktion von C. Schick

a) Kidrontal
b) Königliche Halle
c) Halle Salomos
d) Schranken mit den
   Verbotstafeln im
p) Vorhof der Heiden
e) Schönes Tor
f) Vorhof der Frauen
i) 15stufige Treppe, die zum
g) Vorhof der Männer führte.
h) Vorhof der Priester mit
   Brandopferaltar und
   Ehernem Meer. Dahinter
   das Tempelhaus mit Heiligem und Allerheiligstem
k) Burg Antonia, durch
j) Treppen mit dem Tempel
   verbunden
l) Garnisonsplatz
   der Antonia
m) Zinne des Tempels
n) Brücke vom Tempelplatz
   über das Tyropöontal zur
   Oberstadt

85

riesigen Mauern umgeben – eine beruhigende Sicherheitsmaßnahme für einen Ort, an dem seit Menschengedenken Schlachten und Plünderungen stattgefunden hatten. Im Vordergrund des Tempelplatzes erhob sich ein hoher Turm. Josephus berichtet: „Der Tempel schützte die Stadt wie eine Burg, der Turm der Burg Antonia aber erhob sich noch über den Tempel, und die Truppen, die dort lagen, hatten die Stadt, den Tempel und die Burg Antonia zu bewachen."

Trotz der prächtigen Architektur nach griechischem Vorbild und der vielen Soldaten nach römischem Vorbild erfüllte der Tempel auf vorbildliche Weise seine ursprüngliche Bestimmung – Ort der Anbetung Gottes zu sein. Mit großer Treue und Inbrunst beging das jüdische Volk den großen Versöhnungstag, das jährlich einmal stattfindende Sündenbekenntnis gegenüber seinem Gott. Steckoll schreibt dazu:

„Wie es heißt, ist kein Mensch heiliger als der Hohepriester, kein Ort heiliger als das Allerheiligste des Tempels, keine Zeit heiliger als die vierundzwanzig Stunden des Versöhnungstages und nichts heiliger als der erhabene Name des allmächtigen Gottes, der Name, der auszusprechen verboten ist. Diese vier treffen nun aufeinander. Vor der Tempelzerstörung war es Sitte, daß der Hohepriester am Tag der Versöhnung im Allerheiligsten den Namen Gottes aussprach. Die Ehrfurcht, die dieses alljährliche Ereignis auslöste, führte zu der Überzeugung und schließlich zu dem Dogma, daß, sollte der Hohepriester bei der Aussprache des Namens Gottes im Allerheiligsten den geringsten unreinen Gedanken hegen, darauf der unmittelbare Weltuntergang folgen würde."

Derlei Warnungen vor einem verhängnisvollen Schicksal konnten von den Schriftgelehrten kaum ernst genommen werden, und möglicherweise waren es gerade solche

Warnungen, denen zufolge die Juden einmal mehr die Warnungen ihrer Propheten bezüglich des Tempels ignorierten. Das 500 Jahre alte Bauwerk, das die Bauleute des Herodes noch gewaltiger gestaltet (in Wirklichkeit ganz neu gebaut) hatten, galt als unüberwindlich.

Es war aber leider nur so unüberwindlich wie der berühmte erste Tempel.

Jesus im Tempel

Die Verheißung durch den Propheten Haggai, daß der zweite Tempel von Gott noch mehr verherrlicht werden sollte als der erste (Haggai 2, 9), wurde mehr als erfüllt. Herodes trug natürlich zu seiner Verschönerung bei, aber die Erfüllung der Prophetie liegt letztlich darin, daß Jesus Christus, der jüdische Messias, mit seiner Gegenwart und seinen großen Lehren diesen Tempel beehrte. Er war der Schauplatz jener bewegenden Ereignisse, von denen uns die vier Evangelisten berichten; hier schalt Jesus die Geldwechsler und Tierhändler; hier unterwies er eine feindselige und ungläubige Menge im Wort Gottes.

Abgesehen von der Weissagung über seine Zerstörung äußerte sich Jesus nicht weiter zum Tempel. Seine Jünger packte das Entsetzen bei der Prophezeiung Jesu, daß hier nicht ein Stein auf dem andern bleiben werde (Matthäus 24, 2), aber der Herr war ebenso Prophet wie prophetische Erfüllung.

In seiner großen Siebzig-Jahrwochen-Vision hatte Daniel bereits die Anwesenheit Jesu im zweiten Tempel vorausgesehen (Daniel 9, 25-26).

Die Verwerfung des Messias

Sacharja, ein Zeitgenosse Haggais zur Zeit des Wiederaufbaus nach der babylonischen Gefangenschaft, fügt der

Voraussage über die Zerstörung des zweiten Tempels einen faszinierenden Aspekt hinzu. In Sacharja 11, 7-14 schreibt er über den guten Hirten (Jesus; siehe Johannes 10, 11). In der prophetischen Schau wird dem guten Hirten der Lohn von dreißig Silberlingen zuerkannt. Dieser ungeheuren Unterbewertung entspricht die gleiche Summe, die sich Judas für seinen Verrat an Jesus bezahlen ließ (Matthäus 27, 3-10). Gott ist das Geld so widerwärtig, daß er es in den Tempel werfen läßt. Er zerbricht die beiden Hirtenstäbe, mit denen er die Einheit zwischen Israel und Juda gewahrt und die umliegenden Nationen daran gehindert hatte, über sein Volk herzufallen. Es ist das Bild der Wölfe und Schafe.

Die Vision vermittelt eine klare Vorstellung vom Zorn Gottes, der von den Juden durch die Verwerfung ihres Messias heraufbeschworen wird.

Die Geschichte des Volkes Israel ist geprägt durch wiederholte Abkehr von Gott, und auch die Zukunft wird keine veränderte Haltung des Volkes bringen. Zur Zeit des ersten Tempels verwarfen sie Gott und seine Gnade. Es kostete sie nicht nur ihren Tempel, sondern brachte ihnen auch 70 Jahre babylonischer Gefangenschaft ein. Wie wir gleich noch sehen werden, wurde ihnen auch der zweite Tempel genommen. Sie selbst wurden über die ganze Welt zerstreut und mußten bis 1948 auf ein jüdisches Vaterland verzichten.

Während der Zeit des dritten Tempels – des Tempels der Großen Trübsal – werden sie in gutem Glauben mit dem Antichristen ein Bündnis eingehen. Dieser wird jedoch das Bündnis brechen und den Tempel entweihen. Es wird das letzte Mal gewesen sein. Harmagedon bringt das Ende.

Für diejenigen, die die Prophetie nicht kannten oder gar mißachteten, gab Jesus noch einmal eine klare Schilderung der kommenden Zerstörung. Er hielt diese Rede im Tempel und nannte als Grund die erneute Verwerfung der Segnungen Gottes, insbesondere die Verwerfung des Messias:

„Jerusalem, Jerusalem, die du tötest die Propheten und steinigst, die zu dir gesandt sind! Wie oft habe ich deine Kinder sammeln wollen, wie eine Henne ihre Küchlein unter die Flügel sammelt, aber ihr habt nicht gewollt! Siehe, euer Haus wird euch öde gelassen werden; denn ich sage euch: Ihr werdet mich von jetzt an nicht mehr sehen, bis ihr sprechen werdet: Gelobt sei, der da kommt im Namen des Herrn! Und Jesus ging hinaus und vom Tempel hinweg" (Matthäus 23, 37 – 24, 1).

Kein Stein blieb auf dem andern

Die Juden hätten auf Jesus hören sollen. Das Ausmaß der Katastrophe, die mit der Zerstörung des Herodianischen Tempels hereinbrach, übersteigt jede Vorstellungskraft.

Während der fünfmonatigen Belagerung Jerusalems durch die römischen Legionen fanden mindestens 1,1 Millionen Juden den Tod.

Rund 600 000 verhungerten in den Straßen. Ihre Leichen wurden einfach über die Stadtmauern geworfen – 4000 pro Tag!

Josephus berichtet von Kannibalismus unter den angsterfüllten, verhungernden 3 Millionen Menschen, die in der Stadt eingeschlossen waren.

Der Tempel wurde dem Erdboden gleichgemacht. Er wurde so gründlich zerstört, wie Jesus es vorausgesagt hatte – kein Stein blieb auf dem andern.

Dabei hatte das eigentlich niemand gewollt. Der römische General Titus, der die Belagerungstruppen kommandierte, war kein Barbar; er hatte vor, den prächtigen Tempel zu verschonen. Mit typisch römischer Gründlichkeit wurden die Menschen umgebracht, aber der Tempel war ein Juwel des Nahen Ostens, und Titus gab Befehl, ihn zu schonen.

Doch im Eifer der grausamen Nahkämpfe zwischen den wutschnaubenden Verteidigern und den römischen Soldaten, berichtet Josephus, wurde eine Brandfackel geworfen.

Zwietracht und falsche Sicherheit

Die Juden hatten auch ohne die Belagerung schon genügend Probleme. Obgleich sie über eine günstige militärische Ausgangsposition verfügten – Jerusalem besaß drei hintereinanderliegende mächtige Stadtmauern, ganz zu schweigen von dem strategisch hochgelegenen Tempelplatz –, brachten sie es nicht fertig, sich auf eine gemeinsame Verteidigung zu einigen. Mehrere Splittergruppen bekriegten sich gegenseitig und vernichteten dabei Riesenmengen an Nahrungsvorräten, die man in der Stadt für Ernstfälle, wie es eine Belagerung war, gehortet hatte. „Die gesamten Getreidevorräte mit geringen Ausnahmen verbrannten. Sie hätten im Falle einer Belagerung für einige Jahre ausgereicht", klagt Josephus.

Titus hatte die Stadt absichtlich während des Passahfestes abgeriegelt, womit sich auch die riesenhaft angeschwollene Bevölkerung erklärt. Wallfahrer, die große Entfernungen zurückgelegt hatten, um in Jerusalem das Fest zu feiern, saßen in der Falle, gefangen in einer Stätte des Grauens. Auf den Straßen stapelten sich die Leichen, Verwundete verhungerten neben den Toten, und der Lebens- und Leidensraum wurde mit jedem Meter, den die Verteidiger aufgeben mußten, enger.

Den Juden blieb schließlich nichts anderes übrig, als auf den Tempelplatz und den angrenzenden Berg Zion zurückzuweichen. Dort warteten nun etwa eine Million kranker, sterbender Menschen in ihrem steinernen Gefängnis auf die römischen Legionen.

Es war buchstäblich nicht genügend Stehplatz für alle vorhanden, sofern sie überhaupt noch stehen konnten. Die Tempelgebäude müssen zum Bersten voll gewesen sein, die Menschen über- und untereinander gelegen haben. Es gab nichts zu essen, keine Möglichkeit, die Leichen fortzuschaffen, keinen Platz zum Kämpfen.

Dennoch glaubten sie sich im Tempel unter Gottes persönlichem Schutz sicher. Sie weigerten sich, der Aufforderung zur Kapitulation nachzukommen und schrien, daß der, der in diesem Tempel wohne, ihn auch retten werde. Da Gott mit ihnen verbündet sei, hohnlachten die Juden nur über all die Drohungen des Titus und der Römer, die, wie sie glaubten, niemals in die Tat umgesetzt werden könnten, denn das Ende sei in Gottes Hand.

Blutiges Gemetzel im Tempel

Titus interessierte sich herzlich wenig für die Meinung der fanatischen jüdischen Massen. Ihm lag laut Josephus daran, daß der Tempel erhalten bliebe.

Unaufhaltsam rückten die Römer vor, und es kam, wie es kommen mußte: Sie drangen in den Tempel ein. Man kann sich das blutige Gemetzel vorstellen, als sich die erschöpften Verteidiger mit den Eindringlingen erbitterte Nahkämpfe lieferten. Die Zahl der Opfer muß auf beiden Seiten sehr hoch gewesen sein, und die Kämpfer versanken wahrscheinlich bis zu den Knien in den Haufen frischer und weniger frischer Leichen.

Hier spielte sich keine offene Feldschlacht nach dem

Muster moderner Kriegführung mit Ziel- und Schießtaktik ab. Die Soldaten, die sich nirgendwo mehr verschanzen konnten, müssen sich mit Schwertern und Messern buchstäblich gegenseitig zerhackt haben. Man kann sich das Grauen der Zivilbevölkerung Jerusalems vorstellen, die hilflos auf dem Schlachtfeld gefangen war.

Die Juden konnten nicht weiter zurückweichen. Es war einfach kein Platz mehr da. Wenn sie aufgaben, würde – so fürchteten sie – der Tempel zerstört werden. Sie besaßen nicht mehr die Kraft zu kämpfen, doch sie mußten standhalten.

Die Zahl der Opfer, die die Tempelschlacht gefordert hat, ist nicht bekannt. Wir können aber die militärischen Verluste in den fünf Monaten der Belagerung errechnen, indem wir die Hungertoten von der Gesamtsumme der Opfer, die uns Josephus nennt, abziehen.

Die Zahl der jüdischen Gefallenen betrug eine halbe Million.

Wir können dies auf unsere heutige Zeit übertragen, indem wir den Vietnamkrieg zum Vergleich heranziehen. Die Zahl der amerikanischen Verluste – durch welche Ursache auch immer – betrug in acht Jahren über ganz Vietnam insgesamt 55 000 Mann. Um auch nur annähernd an die jüdische Verlustziffer dieser ungeheuren Katastrophe heranzukommen, müßte man die gesamten amerikanischen Verluste aus all seinen Kriegen, vom Befreiungskrieg des Jahres 1776 bis heute, zusammenzählen.

In fünf Monaten kamen in Jerusalem mehr als eine Million Juden ums Leben.

Der Tempel brennt!

Josephus berichtet, daß Titus den ausdrücklichen Befehl erteilt hatte, auch in der Endschlacht den Tempel nicht anzutasten. Möglicherweise hatte er damit gerechnet, die Verteidiger würden angesichts der schrecklichen Verluste ihren Widerstand aufgeben. Auch die hohe Zahl der römischen Verluste muß in ihm den Wunsch hervorgerufen haben, den Angriff auf die Tempelstätte möglichst rasch zu beenden.

Und für ihn hätte es sehr wohl ein stolzer politischer Erfolg bedeutet, wenn er die Juden besiegen und dabei dieses prächtige Kunstwerk unversehrt hätte einnehmen können. Mit welcher Genugtuung hätte er nach Rom melden können: „Juden besiegt – römisches Oberkommando jetzt im Heiligtum des Tempels einquartiert." Schließlich war der frühere kommandierende General der Truppen des Titus, Vespasian, römischer Kaiser geworden, und Titus war Thronfolger seines Vaters.

Doch der Tempel stand in Flammen. Die Verwüstung war vollkommen.

Josephus schreibt einem unbekannten römischen Soldaten die Schuld dafür zu: „Und als nun die römischen Soldaten den Juden, die sich absetzen wollten, nachdrängten, und zwar bis zum Tempelgebäude selbst, da packte einer von ihnen ohne Befehl und ohne Rücksicht auf die Tragweite seines Handelns, wie von einer höheren Macht getrieben, eine Brandfackel, ließ sich von einem anderen in die Höhe heben und warf sie durch ein goldenes Fenster in einen Gang, der von Norden her in die äußeren Räume des Tempelgebäudes führte."

Man wundert sich vielleicht, wie es Josephus möglich war, solche genauen Einzelheiten zu erfahren und in seinen Kriegsberichten festzuhalten. Es ist aber gut denkbar, daß er sich mit Titus auf der Burg Antonia aufhielt und von diesem Aussichtspunkt aus all jene Geschehnisse überblicken konnte. Er war gewöhnlich eher hinter den Linien des Siegers zu finden als vorn an der Front.

Nichtsdestotrotz, der Tempel war nicht mehr, und bis zur Stunde hat das jüdische Volk noch keinen neuen an seine Stelle gesetzt. Von diesem Augenblick an waren die Juden das, was sie bis 1948 blieben – ein Volk ohne Land. Sie sind noch immer ohne eine zentrale Stätte der Anbetung, und von daher ist ihr Wunsch verständlich, den Tempel zu Jerusalem wiederaufzubauen.

Zerstörung – auf den Kalendertag genau!

Josephus war der Ansicht, daß die Zerstörung des Tempels tatsächlich ein Akt der Vergeltung Gottes war. Er machte in diesem Zusammenhang eine bemerkenswerte Entdeckung, die sich in neuzeitlichen Untersuchungen bestätigt hat: Der erste und der zweite Tempel wurden am gleichen Kalendertag zerstört.

Hier sein Kommentar:

„Das Schicksal hat es so gewollt. Man kann ihm nicht entgehen, weder Menschen noch Dinge. Eigenartig ist jedoch, wie genau das Schicksal sich an die Zeit hält, fügte es sich doch so, wie schon gesagt, daß der Tempel am gleichen Tag und im gleichen Monat zerstört wurde, wie ihn auch einst die Babylonier in Flammen hatten aufgehen lassen.

Hätten die Römer noch länger gezögert, gegen diese Schurken vorzugehen, hätte sich meines Erachtens wohl die Erde aufgetan, um die Stadt zu verschlingen, oder sie wäre vielleicht von einer Flutwelle hinweggespült oder wie Sodom von himmlischem Feuer verzehrt worden; denn gemessen an den Menschen, die einst so entsetzlich bestraft wurden, war dieses Geschlecht noch viel gottloser. Und sein Wahnwitz war es, der das gesamte Volk mit in den Untergang riß."

Zwischen dem Untergang des ersten und des zweiten

Tempels lagen genau 656 Jahre. In beiden Fällen fand die Zerstörung nach jüdischer Zeitrechnung am neunten Tag des Monats Av statt. Das ist nach unserem Kalender Mitte August. Fromme Juden begehen noch heute diesen Trauertag.

Sollten wir damit rechnen, daß auch der Tempel der Großen Trübsal einst am selben Tage fällt?

Josephus betrachtete sich als eine Art „Jeremia", nachdem er zuvor die Juden um der Erhaltung ihres Tempels willen zur Kapitulation aufgerufen hatte. Eigenen Berichten zufolge hatte er sogar den Rebellenführer Johannes aufgesucht und ihm ein praktisches Beispiel aus der Bibel vorgehalten – Jojachins Kapitulation vor den Babyloniern:

„Doch, Johannes, selbst wenn du erst im letzten Moment umkehrst und von deinem Frevel abläßt, ist es keine Schande; das Beispiel unseres Königs Jojachin sollte dir ein Ansporn sein: Damals, als die Babylonier mit ihrem gewaltigen Heer gegen ihn heranrückten, ging er aus freiem Entschluß aus der Stadt heraus, um mit seinen Familienangehörigen die Kriegsgefangenschaft auf sich zu nehmen, um diese altehrwürdige Stadt nicht den Feinden zu übergeben und das Heiligtum den Flammen überlassen zu müssen."

Johannes hätte sogar Aussicht gehabt, als Nationalheld gefeiert zu werden:

„Deshalb preisen ihn auch alle Juden in ihren heiligen Liedern, und sein Andenken währt in alle Ewigkeit und bleibt unsterblich bis zu den fernsten Nachkommen.

Johannes, das wäre eine beispielhafte Tat, der du in dieser gefährlichen Situation Folge leisten solltest."

Dieser wohlgemeinte Rat des romhörigen Josephus ließ den jüdischen General unbeeindruckt. Wenn man die freundschaftlichen Beziehungen des Josephus zum Feind in Betracht zieht, kann man sich des Eindrucks nicht erwehren, daß es in diesem Abschnitt stark nach Kriegs-propaganda riecht. Die Römer mögen sich von seinem Einfluß das Ende des Aufstandes und damit die Verschonung des Tempels versprochen haben, doch dem Vermittler ging es offenbar nur um seine eigene Sicherheit.

Kaiser Hadrians teuflischer Plan

Die Römer waren nun überzeugt, daß die Juden ein für allemal erledigt seien. Das traf auch für die meisten von ihnen zu. Nach der Zerstörung Jerusalems segelte Josephus mit Titus zurück nach Rom, wo er an einem Triumphzug teilnahm, in dem jüdische Gefangene und andere Kriegsbeute vorgeführt wurden. Zum Schluß verschaffte ihm sein alter Freund, Kaiser Vespasian, eine Wohnung im kaiserlichen Palast und einträgliche Besitztümer im Heiligen Land. Danach (um 75 nach Christus) brachte Josephus seine „Korrespondentenberichte" zu Papier und nannte das Werk, aus dem wir wiederholt zitiert haben „Der Jüdische Krieg".

In Jerusalem herrschte unterdessen Trostlosigkeit und Elend, aber noch immer gab es treue Juden, die in der Stadt oder in der Umgebung seßhaft blieben. Das Judentum erfuhr in jener Zeit einige grundlegende strukturelle Veränderungen, die sich bis heute erhalten haben und auch in Zukunft erhalten bleiben werden – bis der Tempel der Großen Trübsal seiner Bestimmung übergeben sein wird. An die Stelle des Priesters trat der Rabbiner; örtliche Synagogen ersetzten den Tempel, und in Ermangelung eines würdigen Rahmens wurde der Opferdienst abgeschafft.

Der Friede dauerte ganze zwei Generationen.

Dann kam Hadrian, einer der glänzendsten römischen Kaiser, an die Macht. Er war wie König David ein vielseitiger Künstler; er sang gut, tanzte gut und beherrschte das Harfenspiel. Außerdem hatte er bedeutende schriftstellerische Fähigkeiten und schrieb Gedichte und Prosawerke. Er galt allgemein als fähiger und geschickter Verwalter des Römischen Reiches.

Aber er hatte auch seine Eigenarten.

Hadrian war ein leidenschaftlicher Liebhaber der griechischen Kultur. Die Juden und ihre verhaßten Nachkommen, die Christen, waren ihm ein Ärgernis.

Er hielt Jerusalem für den Ausgangspunkt der Seuche des Glaubens an einen einzigen Gott und war wie viele andere fest entschlossen, den Namen dieser Stadt aus dem Gedächtnis der Menschheit auszulöschen.

Hierzu bediente er sich nicht militärischer Mittel. Er ging gründlicher vor.

Er nannte die heilige Stadt „Aelia Capitolina" und begann, sie in ein großartiges Zentrum römischer Kultur und Religion zu verwandeln.

Er entsandte Bauleute, die auf Gottes heiligem Berg einen Tempel für den römischen Gott Jupiter errichten sollten.

Aus der jüdischen Tempelstätte sollte ein Ort heidnischen Götzendienstes werden. Hadrian hatte mit Absicht diese Stelle gewählt. Bald würde – so meinte er – vom Judentum nichts mehr übrigbleiben, und dem Christentum, das allmählich zunahm, blieben noch nicht einmal die Ruinen der heiligen Stätte.

Sein Plan war es, die griechisch-römische Kultur, die er persönlich verehrte, in der gesamten damaligen Welt durchzusetzen.

Was war zu tun? Durften die Juden solche Greueltaten widerstandslos hinnehmen?

Der Aufstand unter Bar Kochba

Verbissen rüsteten die Juden zum hoffnungslosen Kampf gegen Rom.

Aus ihren Reihen ging ein Führer hervor – Simon Bar Kochba. Er behauptete, der jüdische Messias und damit unbesiegbar zu sein. Vor 1948 sollte dies der letzte Versuch des jüdischen Volkes sein, seine Heimat gewaltsam wiederzugewinnen.

Diesmal hatten die Juden keine zentrale Anbetungsstätte mehr zu verteidigen. Daher dehnten sie ihren Aufstand über ganz Israel aus. Drei Jahre dauerte ihr Widerstand, drei Jahre, in denen die Römer systematisch das Land durchkämmten und die Rebellen aushoben.

Dieses Geschehen war der Anfang der großen Zerstreuung der Juden über die ganze Welt, die erst 1948 ein Ende nahm. Daß die uralten jüdischen Gottesdienstordnungen diesen langen Zeitraum der Zerstreuung überlebt haben, mag uns wie ein Wunder erscheinen. Tatsächlich ist es jedoch das Werk treuer Gesetzesforscher und Gesetzeslehrer aus jener schicksalsschweren Zeit.

Rabbi Akiba Ben Joseph

Der bedeutendste unter den Gesetzeslehrern war Rabbi Akiba Ben Joseph. Er überlebte die Belagerung Jerusalems im Jahre 70 nach Christus und lehrte weiterhin mündlich das jüdische Gesetz. Er konnte die fünf Bücher Mose auswendig zitieren, und sein Ruhm erscholl durch das ganze Land. Im Jahre 95 nach Christus wurde er gemeinsam mit Gamaliel und einigen anderen Juden auf eine diplomatische Mission nach Rom geschickt. Die jüdische Delegation führte erfolgreiche Gespräche mit Kaiser Nerva. Eine hohe Steuer wurde aufgehoben.

Es gelang Akiba während des dreijährigen Aufstandes gegen Hadrian, seine Vorarbeiten für die schriftliche Niederlegung der jüdischen Gesetzeslehre und -auslegung fortzusetzen, selbst dann noch, als der Kaiser jegliche Unterweisung im jüdischen Gesetz verboten hatte. Bar Kochba wurde von Akiba zum Messias erklärt, und beide verbündeten sich in der darauffolgenden Rebellion gegen die Römer.

Mehrere Rabbiner, die sich über das Verbot hinwegsetzten und weiterlehrten, wurden hingerichtet. Der ehrenwerte 95jährige Akiba wurde eingesperrt.

Im Gefängnis lehrte er weiter. Seine Mitgefangenen und Besucher – sofern er welche empfangen durfte – müssen kostbare Weisheiten aus dem Mund des greisen Gelehrten vernommen haben, dessen Leben beinahe bis in die Zeit Jesu zurückreichte.

Nach dreijähriger Haft wurde er verurteilt und hingerichtet. Der 98 Jahre alte Patriarch mußte sterben, weil er das jüdische Gesetz gelehrt hatte.

Ein Jupitertempel an heiliger Stätte

Nach Berichten des griechischen Geschichtsschreibers Cassius Dio zerstörten die Römer in Palästina 985 Städte und töteten etwa 580 000 Juden. Der Hunger forderte weitere Opfer, als die Bewirtschaftung des Bodens angesichts der anrückenden römischen Legionen eingestellt werden mußte. Als die Festung Beth-Ter durch Verrat fiel, fand Bar Kochba den Tod.

Als die Juden ihren Widerstand schließlich aufgaben, wurden so viele als Sklaven verkauft, daß sie nur noch den Preis eines Pferdes wert waren. Die Zivilisten führten ein Flüchtlingsleben und versteckten sich in Höhlen und unterirdischen Gängen. Die Römer säuberten das kleine

Land restlos. Jeder Jude galt als Widerstandskämpfer. Spuren, die vor kurzem von Archäologen in Höhlen am Toten Meer gefunden wurden, deuten darauf hin, daß selbst diese unwirtlichen Stätten einigen Flüchtlingen als Zuflucht gedient hatten.

Nun versuchte Hadrian – ähnlich wie Haman und Pharao Amenhotep II. vor ihm –, eine Endlösung der Judenfrage zu erzwingen. Als Kenner der Geschichte wußte er sehr wohl um die unheimliche Fähigkeit der Juden, immer wieder emporzukommen. Daher machte er sich daran, ihr religiöses Erbe total zu vernichten.

Er verbot die Beschneidung, die Heilighaltung des Sabbats und der übrigen hohen Festtage sowie die öffentliche Ausübung aller jüdischen Gottesdienste. Den Juden wurde eine neue, noch höhere Steuer auferlegt. Nur einmal im Jahr an einem bestimmten Tag war es ihnen gestattet, die Kolonie Aelia Capitolina zu betreten, um sich an der Klagemauer auszuweinen.

Auf der blutdurchtränkten Erde Jerusalems wuchs die römische Kolonie Aelia Capitolina empor. Mit ihren Jupiter- und Venustempeln, ihren Bädern und den unvermeidlichen Kasernen für die römischen Legionen war die Stadt den Juden ein Greuel. Der Jupitertempel stand mitten auf dem Tempelplatz, der heiligen Stätte Gottes.

Der Jupitertempel war ein stabiles Bauwerk und bestand lange Zeit. Er überdauerte sogar das Römische Reich.

Weitere Bauten auf der Tempelstätte

Das mächtige Römische Reich geriet mehr und mehr in Zerfall; dafür befand sich das Christentum auf dem Vormarsch. Irgendwann in dieser Zeit wurde der Jupitertempel in eine christliche Kirche umgebaut. Es ist anzunehmen, daß man die Säulen des Jupitertempels als Stütz-pfeiler für die Decke dieser Kirche benutzte, denn nach Ansicht einiger Wissenschaftler sind diese Säulen noch heute die tragenden Elemente des Felsendoms. Für ihr Alter (1800 Jahre) sind sie noch erstaunlich gut erhalten.

Höchstwahrscheinlich blieb das Bauwerk der Römer in seiner Grundkonstruktion erhalten und wurde lediglich umgebaut, zunächst in eine Kirche und danach in den Felsendom.

Obgleich wir nur unvollständige Angaben über jene geschichtliche Epoche besitzen, wissen wir, daß auf dem Tempelplatz eine christliche Kirche gestanden haben muß, als im Jahre 638 nach Christus der christliche Patriarch von Jerusalem, Sophronios, den Kalifen Omar I. in der heiligen Stadt begrüßte. Im 6. Jahrhundert erbaute Justinian I. an der Stelle, an der heute die Al-Aksa-Moschee steht, eine weitere Kirche.

Im Laufe des 7. Jahrhunderts muß Jerusalem von den mohammedanischen Arabern eingenommen worden sein, denn der Felsendom entstand bereits im Jahre 691.

Zwar ist es seitdem an der Tempelstätte nicht annähernd so stürmisch zugegangen wie zur Zeit der Juden, doch allzu friedlich war es nie.

Vom 12. bis zum Ende des 14. Jahrhunderts wurde die Tempelstätte wieder zum Schauplatz blutiger Schlachten. Die Christen Europas kämpften auf ihren Kreuzzügen, jenen weltweiten „heiligen" Kriegen, gegen die Massen syrischer und ägyptischer Moslems. Beinahe 100 Jahre lang schmückte ein goldenes Kreuz den Felsendom, ein christliches Symbol auf einem mohammedanischen Dom mit den Stützpfeilern eines römischen Tempels.

Die Tempelstätte unter wechselnder Herrschaft

Die Kreuzritter hielten den Felsendom für den ursprünglichen Tempel Salomos und gaben ihm den Namen „Templum Domini" (Tempel des Herrn). Nach Römerart stationierten sie in der Al-Aksa-Moschee eine kampfstarke Truppe von Tempelrittern, um den frommen Christen Europas auf ihren Wallfahrten zur heiligen Stätte eine sichere Hin- und Rückreise zu garantieren.

Wir können uns den Eifer vorstellen, von dem die Gläubigen des Mittelalters beseelt waren, als sie aus dem fernen Skandinavien, aus England, Frankreich und Spanien angereist kamen, um in dem Haus zu beten, in dem sich ihrer Überzeugung nach Jesus Christus aufgehalten hatte.

Doch schließlich mußten die Ritter die Tempelstätte wieder an die Moslems abtreten, die naturgemäß über die günstigeren militärischen Nachschubverbindungen verfügten. Seit jener Zeit – dem 14. Jahrhundert – befand sich der Tempelplatz in nichtjüdischer, nichtchristlicher Gewalt – bis 1967!

In den verschiedenen Kriegen der Türken gegen die Araber konnten diese hin und wieder die heiligen Stätten an sich reißen, mußten sie aber stets wieder abgeben. Der Felsendom blieb erhalten und ist heute, von einigen baulichen Änderungen und Verbesserungen abgesehen, im wesentlichen der gleiche wie damals.

Um die Zeit des Ersten Weltkriegs wurde Palästina unter britische Schutzherrschaft gestellt. Der englische Premierminister Balfour unterstützte die zionistische Bewegung insofern, als er in einer Erklärung für die Rückführung der Juden nach Palästina eintrat.

Es folgte eine starke jüdische Einwanderung nach Israel. Dort lebten sogar noch Juden, deren Vorfahren entweder das verheißene Land niemals verlassen hatten oder irgendwann im Laufe der Jahrhunderte den Weg zurück in ihre Heimat hatten finden können.

Der Rest ist Gegenwartsgeschichte.

Vor 25 Jahren, als die Juden aus dem Kampf für ihre Unabhängigkeit siegreich hervorgingen, war Jerusalem erneut ein Heerlager geworden. Man kämpfte mit Bajonetten statt mit Schwertern, man fuhr mit Jeeps statt mit Pferden. In der alten Stadt zeigten sich wieder die nur allzu vertrauten Schrecken des Krieges.

Und 1967 eroberten die Juden den Tempelplatz.

Rückblick

Heute, nachdem uns die Zusammenhänge bewußt geworden sind und wir die Geschichte dieses Stück Bodens zurückverfolgt haben bis in die Zeit Abrahams, können wir die Bedeutung dieser Rückeroberung erst in ihrer ganzen Tragweite verstehen.

Beim Studium der bewegten Geschichte ihres Volkes wird den Juden ihre Jahrtausende alte Vergangenheit wieder lebendig. Sie denken an die qualvollen 40 Jahre währende Wüstenwanderung von Ägypten in das Gelobte Land, an die herrlichen Zeiten unter David und Salomo, als der mächtige erste Tempel die Stadt Jerusalem schmückte, an die Schrecken des babylonischen Überfalls und die lange Gefangenschaft, den mühsamen Wiederaufbau Jerusalems unter Serubbabel und Nehemia. Damals mußten die Bauleute ständig Schwerter tragen, um sich bei ihrer Arbeit die Samariter und Araber sowie andere Stämme vom Leib zu halten.

Und sie denken an die Dezimierung ihres Volkes unter der grausamen Herrschaft Roms, an die qualvollen fünf Monate, in denen nahezu ein ganzes Volk verhungerte, an die Zerstörung des zweiten Tempels, an ihre Demütigung angesichts der Errichtung des heidnischen Jupitertempels an heiliger Stätte und an die furchtbare, scheinbar endlose Zerstreuung der Juden in alle Welt.

Sie möchten ihren Tempel wieder aufbauen. Das ist verständlich.

Die Christen denken an die gleichen Kapitel der Geschichte Israels. Für diejenigen, die auf den wiederkommenden Herrn, Jesus Christus, warten, hat der Wiederaufbau des jüdischen Tempels eine noch größere Bedeutung. Für sie ist der Bau ein Vorzeichen seiner baldigen Wiederkunft.

Wir denken daran, was uns Gott durch Daniel, Paulus, Johannes und Jesus selbst gesagt hat. Wir wollen jene großen jüdischen Propheten nicht ignorieren, die die entsetzlichen Ereignisse um den dritten Tempel Jerusalems vorausgesehen haben.

Wenn wir die Geschichte der großen Tempel Jerusalems an Hand des Wortes Gottes aufzeichnen können, sollten wir uns auch derselben Quelle bedienen, um ihre Zukunft zu beschreiben. Das gleiche sagt uns Jesus in Markus 14, 49 mit den Worten „ . . . damit die Schrift erfüllt würde".

Wir freuen uns auf den Wiederaufbau des Tempels wegen seiner Bedeutung für die Entrückung. Andererseits sind wir uns aber auch der Tatsache bewußt, daß an dieser Stätte alles Blutvergießen und alle Tränen von Tausenden von Jahren in neuen Kriegen und neuem Blutvergießen ihren Höhepunkt finden werden.

Christen brauchen sich davor nicht zu fürchten, weil ihre Entrückung dieser Massenvernichtung vorausgehen wird. Für die anderen wird die Chronik blutiger Tempelgeschichten angesichts der Schrecken Harmagedons verblassen.

6

DER ANTICHRIST AN HEILIGER STÄTTE

Wir haben gesehen, daß im letzten Akt des göttlichen Dramas auf unserer Erde der dritte Tempel Jerusalems, der Tempel der Großen Trübsal, die Szene beherrschen wird. Wenden wir uns nun dem Schurken in diesem Stück zu. Im Tempel verrichtet er sein unheilvolles Werk und führt die Welt zur völligen Vernichtung.

Woran der Antichrist zu erkennen ist

Er ist ein politischer Führer mit großem Scharfsinn – ein Zauberer auf der diplomatischen Weltbühne. Er besitzt ein einnehmendes, sympathisches Wesen und gewinnt die Zuneigung derer, die nach der Entrückung auf der Erde zurückbleiben. Für sie wird er zu einer Art Messias. Die Welt vertraut ihm ihre Probleme zur Lösung an, und es gelingt ihm tatsächlich, der Not ein Ende zu machen.

Er ist von solch krankhafter Selbstgefälligkeit besessen, daß die eines Hitler, Napoleon und sämtlicher Cäsaren dahinter weit zurückbleibt. Mit Hilfe seines Propagandaministers, dem falschen Propheten, gewinnt er ständig an Macht und Einfluß, bis er sich schließlich nicht zum König oder Präsidenten oder Weltführer, sondern zum Gott ausrufen läßt.

In der Tat besitzt er übernatürliche Kräfte – aber nicht von Gott. Man könnte bestenfalls von ihm behaupten, daß „ihn der Teufel dazu trieb".

In Johannes 5, 43 klagt Jesus, daß die Welt diesen „Messias" annehmen wird, der nicht im Namen Gottes, sondern in seinem eigenen Namen kommen wird.

Der Name „Antichrist" deutet auf den krassen Gegensatz zwischen ihm und Jesus Christus hin.

Dieses Kapitel wendet sich in erster Linie an die Ungläubigen, das heißt an diejenigen, die nicht glauben, daß Jesus Christus, der Sohn Gottes, stellvertretend für ihre Sünden am Kreuz gestorben ist und die deshalb nicht „wissen" (1. Johannes 5, 12-13), daß sie in Jesus Christus ewiges Leben haben. Sie werden sich mit dem Antichristen und seiner Weltherrschaft auseinandersetzen müssen. Die an den Herrn Jesus Glaubenden werden noch vor dem Offenbarwerden dieser mächtigen Führerpersönlichkeit als Antichrist von der Erde weggenommen, das heißt entrückt worden sein.

Vielleicht werden die Kinder Gottes Zuschauer der Weltereignisse während der Herrschaft des Antichristen sein – doch vom Himmel und nicht von der Erde aus!

Wenn Sie den Herrn Jesus noch nicht in Ihr Leben aufgenommen haben und vor der Entrückung nicht mehr an ihn als Ihren Erretter glauben, sollten Sie wissen, nach wem Sie Ausschau halten müssen. Heutzutage gibt es eine Menge Politiker auf der weltpolitischen Bühne, von denen jeder auf seine Art selbstherrlich ist; aber der Antichrist zeichnet sich durch einige ganz bestimmte, unverkennbare Merkmale aus.

Der Schlüssel, um ihn zu erkennen, ist sein „Siebenjahresplan" für den Nahen Osten. Daniel schreibt: „Und man wird vielen den Bund schwer machen eine [Jahr-] Woche lang" (Daniel 9, 27). Ein weiteres wesentliches Merkmal besteht darin, daß der Antichrist aus Europa stammt – aus dem wiedererstandenen Römischen Reich. Daniel 7, 23-24 führt das „vierte Reich" an, womit Rom gemeint ist, das vierte Weltreich nach biblischer Geschichtseinteilung. Befragen wir die biblischen Seher nach weiteren Einzelheiten!

An Hand der fesselnden Beschreibung des Antichristen in Offenbarung 13, 1-8 erfahren wir, daß es sich um ein Tier mit zehn Hörnern handelt und daß es von einer scheinbar tödlichen Wunde wieder gesundet.

Die zehn Hörner stellen den letzten Zusammenschluß politischer Mächte aus dem europäischen Raum und den Mittelmeerländern dar. An der Spitze dieses Machtblocks steht der Antichrist. Auch Daniel sah dieses Zehnerbündnis (Daniel 7, 24). (Es ist verblüffend, die Visionen Daniels und des Johannes miteinander zu vergleichen, die so vieles gemeinsam haben!)

Zur Zeit des Antichristen werden wir demnach in Europa und dem Mittelmeerraum einen Zehnstaatenbund haben.

Hal Lindsey behauptet in dem Buch „Alter Planet Erde wohin?" auf Seite 111: „Wir glauben, daß der Gemeinsame Markt sowie der Trend zur Einigung Europas sehr wohl die Vorstufe des Zehnstaatenbundes sein kann, wie er uns im Danielbuch sowie in der Johannes-Apokalypse vor Augen tritt."

Seit der Veröffentlichung dieses Buches haben Konferenzen zur Erweiterung des Gemeinsamen Marktes auf zehn Staaten stattgefunden. Konferenzort: Rom.

Die scheinbar tödliche Wunde aus Offenbarung 13, 14 ist ein Meisterstück werbetechnischer Strategie zur Verherrlichung des Antichristen. Aus Offenbarung 13, 3 geht hervor, daß der Antichrist selber eine tödliche Wunde erleidet, anschließend aber auf wunderbare Weise wieder aufersteht. Hierbei handelt es sich nicht um die Verheilung einer gefährlichen Wunde, sondern um eine Auferweckung, wie sie in der Bibel beschrieben wird.

Es ist eine Nachahmung der Auferstehung unseres Herrn Jesus, womit über Nacht die Macht des Antichristen begründet wird.

In Anbetracht der Beliebtheit, der sich politische Morde heutzutage vielerorts zu erfreuen scheinen, dürfte die Vorstellung eines Attentats auf den Antichristen nicht schwerfallen. Der Riesenaufwand, mit dem aus Anlaß seines Todes große Trauerfeiern abgehalten werden, wird nur noch übertroffen durch das Erstaunen, das seine unmittelbare Auferstehung auslöst.

Zur Verdeutlichung fragt Lindsey, wie wohl die Welt darauf reagieren würde, wenn Präsident John F. Kennedy – nach seiner tragischen Ermordung wieder zum Leben erwacht – plötzlich leibhaftig auf der weltpolitischen Bühne erscheinen würde.

Offenbar wird dem Antichristen infolge dieses Geschehens weltweite Anerkennung entgegengebracht werden.

Übernatürliche Macht? Möglicherweise ja. Johannes erwähnt, daß der Antichrist „große Zeichen" tun wird und „Feuer vom Himmel auf die Erde herabfallen läßt vor den Menschen" (Offenbarung 13, 13). „Die ganze Erde sah verwundert dem Tiere nach" (Offenbarung 13, 3). „Wer ist dem Tiere gleich, und wer vermag mit ihm zu streiten?" (Offenbarung 13, 4).

In Offenbarung 13, 4 wird klar und unmißverständlich Satan als Urheber der übernatürlichen Kräfte des Antichristen genannt: „Und sie beteten den Drachen an, weil er dem Tiere die Macht gegeben".

Herkunft im Dunkel

Den Antichristen zu erkennen, ehe er mit seinem „Siebenjahresplan" in Erscheinung tritt, wird nicht leicht sein.

Während der Geburtsort Jesu klar feststand – der Name Bethlehem war in der Schrift wörtlich genannt –, bleibt die Herkunft des Antichristen im Dunkel. Fest steht, daß sich sein politischer Machtbereich auf Rom (oder auf Europa als das neue Römische Reich) erstrecken wird. Daniel 9, 26 spricht von ihm als dem „zukünftigen Fürsten" des Volkes, das den zweiten Tempel zerstören würde, und wir wissen, daß dies die Römer im Jahre 70 nach Christus taten.

Weniger klare Zeichen deuten darauf hin, daß der Antichrist aus dem Nahen Osten hervorgehen wird; Daniel unterbricht unvermittelt seine prophetische Schau über das Ende des griechisch-syrischen Reiches, um sich der Beschreibung eines „frechen und listigen Königs" zu widmen, die vortrefflich auf den Antichristen zutreffen würde (Daniel 8, 23-24).

Es ist nicht ausgeschlossen, daß der Antichrist herkunftsmäßig teilweise mit dem Nahen Osten in Verbindung gebracht werden kann. Das Zentrum seiner Macht wird jedenfalls Europa sein.

Vielleicht lebt der Antichrist sogar heute schon!

Warum nicht? Die explosive Situation im Nahen Osten bedarf dringend einer Lösung. Den europäischen Staatenbund braucht man nicht lange zu suchen. Für den Tempel der Großen Trübsal, den der Antichrist schänden wird, ist die Zeit reif.

Möglich, daß diese Umstände langfristig bestehen bleiben oder gar zu einem zukünftigen Zeitpunkt erneut aufeinandertreffen. Möglich, daß der Tempel der Großen Trübsal zwar heute schon gebaut wird, daß sein Schänder jedoch erst viele Jahre später auftritt.

Doch das Auftreten anderer vorausgesagter endzeitlicher Erscheinungen – Erdbeben, das russisch-ägyptische Bündnis, die weltweite Ökumene –, verbunden mit einer politischen Weltlage, die geradezu eine starke Führerpersönlichkeit erforderlich macht, läßt selbst liberale Theologen nachdenklich werden.

Eine Aufzählung der Punkte, die unsere Generation als die letzte charakterisiert, ist nicht der Zweck dieses Buches. Wir wollen uns damit begnügen, an dieser Stelle darauf hinzuweisen, daß es höchste Zeit ist, sich mit diesen Fragen auseinanderzusetzen.

Das „Evangelium" des Antichristen

Gott und Jesus Christus gibt es nicht. Dies ist die Lehre des Antichristen, der sich beim Aufbau seiner Weltdiktatur bestimmter einleuchtender religiöser Lehren bedienen wird.

Johannes hat diese Entwicklung deutlich vorausgesehen und beschrieben:

„Und jeder Geist, der Jesus nicht bekennt, der ist nicht von Gott. Und das ist der Geist des Antichrists" (1. Johannes 4, 3).

Statt dessen gründet er einen Personenkult, in dem er selbst Mittelpunkt der Verehrung ist. Er verlangt, daß die gesamte Menschheit ihn anbetet. Dieser Versuchung widerstehen nur die wenigen, die in der Großen Trübsal Jesus Christus als Retter annehmen (und die haben ihre Not). Die Religion des Antichristen wird die meisten Anhänger in der Weltgeschichte haben:

„Und alle Bewohner der Erde werden es anbeten, deren Namen nicht geschrieben sind im Lebensbuche des Lammes" (Offenbarung 13, 8).

Er wird sogar eine eigene Nachäffung von „Johannes dem Täufer" haben. Der Propagandaminister und Pressesprecher, der in Offenbarung 16, 13 der „falsche Prophet" genannt wird, wird sich offenbar der Macht Satans bedienen, um Anhänger zu gewinnen und einige unglaubliche Wunderwerke vollbringen. Feuer vom Himmel fallen zu lassen und dergleichen wird bald alltäglich sein. Sein Meisterwerk wird in der Schaffung eines naturgetreuen Ebenbildes des Antichristen bestehen, das sogar sprechen kann. Möglicherweise ist es ein Roboter mit computerähnlichen Fähigkeiten (Offenbarung 13, 15).

Vorläufer des Antichristen

Der Antichrist ist zweifellos eine einmalige Persönlichkeit, der niemand gleichkommen wird. Zwei Erzbösewichte in der Bibel könnte man jedoch als seine Vorläufer bezeichnen: Judas Ischariot, der den Herrn Jesus Christus für dreißig Silberlinge an die Welt verkaufte, und Antiochus Epiphanes, der den zweiten Tempel entweihte, indem er ein Schwein auf dem Altar opferte.

Mit dem „Sohn des Verderbens", eine Bezeichnung, die Jesus und Paulus gleicherweise verwenden, werden zwei verschiedene Personen bezeichnet. Jesus bezieht sie in Johannes 17, 12 auf Judas, während Paulus in 2. Thessalonicher 2, 3-4 auf das Wirken des Antichristen eingeht.

Antiochus verherrlichte sich selbst im Tempel zu Jerusalem und schaffte den Gottesdienst ab. Dasselbe wird auch der Antichrist tun.

Doch der Mann Satans, der Antichrist, ist der wahre Meister. Werfen wir einen Blick auf sein Wirken.

Trügerische Ordnung

Bescheidenheit gehört nicht zu seinen Tugenden. Er ist völlig von sich und seinen Fähigkeiten eingenommen.

111

Er ist eine ungeheuer energische und tatkräftige Persönlichkeit, ein Diplomat und Friedensstifter, ein Messias und Militärstratege.

Er wird eine neue Version des römischen Friedens (Pax Romana) finden, die nicht besser sein wird als die erste (zur Zeit der römischen Kaiser herrschte in den von Rom unterworfenen Gebieten Friede, das heißt es herrschte Ordnung, die allerdings die Anerkennung des römischen Machtanspruchs voraussetzte). Durch die Anhäufung militärischer Macht und durch politisch geordnete Beziehungen zu allen Staaten der Welt wird der Antichrist den Frieden gewährleisten – aber nicht umsonst. Ein bestimmter Preis wird damit verbunden sein. Seine Friedenslösung für den Nahen Osten wird eine Zeitlang glänzend funktionieren – nämlich genau dreieinhalb Jahre. In seiner Weitsichtigkeit erkennt Daniel, daß der Antichrist „viele in ihrer Sorglosigkeit verderben" wird (Daniel 8, 25).

Er wird ein Weltwirtschaftssystem schaffen, in das jeder Mensch eingefügt ist. Aus Offenbarung 13, 16-18 erfahren wir, daß jeder Bürger entweder an seiner rechten Hand oder an seiner Stirn ein Zeichen tragen wird, und zwar die Zahl 666. Ohne dieses Zeichen wird keiner etwas kaufen oder verkaufen können.

Die Menschen, die zu der Zeit lebten, als dies geschrieben wurde, konnten sich ganz gewiß nicht vorstellen, daß Zahlen wie beispielsweise Personenkennziffern oder Kontonummern jemals wirtschaftliche Bedeutung erlangen könnten.

Diese ganze böse Entwicklung wird zur Schlacht von Harmagedon führen.

Die Schändung des dritten Tempels

Der Tempel der Großen Trübsal ist mittlerweile auf dem vorgesehenen Platz in Jerusalem erbaut worden und erfüllt seine Bestimmung als Ort der Anbetung.

Er wird zur Hauptzielscheibe des Antichristen. Gibt es ein geeigneteres Hauptquartier für seine eigene Religion?

Die Juden werden so ziemlich alles hinnehmen, was der Antichrist tut, bis er sich dem Tempel zuwendet. Sie werden ihm für die Lösung ihrer politischen Probleme dankbar sein und ihm insoweit Treue und Gehorsam entgegenbringen, wie sich dies mit ihrem Glauben vereinbaren läßt.

Aber es gibt eine Grenze! Sie wird erreicht sein, wenn der Antichrist in den Tempel eindringt.

Das wird er auf rücksichtslose Art und Weise tun. Inzwischen ist nahezu die ganze Welt in seiner Gewalt. Wie schon vielen Tyrannen vor ihm werden ihm die Unabhängigkeit und der besondere Gottesdienst der Juden ein Dorn im Auge sein. Der jüdische Glaube besitzt ein gewisses Etwas, das bisher viele Diktatoren zur Weißglut gebracht hat.

Er läßt mitten im Heiligtum des Tempels einen Thron aufstellen, dann setzt er sich darauf und erklärt sich selbst zum Gott.

Das ist das Signal für die Juden und für den Tempel und für alles andere.

Diese Schändung werden die Juden nicht dulden. Sie werden zu den Waffen greifen und kämpfen.

Der Antichrist wird die Gelegenheit als gekommen ansehen, um die Juden zu vernichten. Ein neuer Tyrann mit einer neuen Endlösung der Judenfrage!

Der Antichrist wird ein Heer von unvorstellbarer Größe

und Schlagkraft mobilisieren. Offenbarung 16, 14.16 beschreibt praktisch die Mobilmachung eines Weltheeres. Möglicherweise ist sich der Antichrist des nachweislich lebensgefährlichen Wagnisses bewußt, das er mit einem heiligen Krieg gegen die Juden eingeht. Auf alle Fälle versammelt er die ungeheure Macht „der Könige des ganzen Erdkreises" und vereint sie in jener stillen, friedlichen Ebene namens Harmagedon.

Eine der Persönlichkeiten, die dieser gewaltigen Schlacht beiwohnen wird, ist Jesus Christus. Aber diesmal ist es nicht der milde, sanftmütige Jesus, der einst als das Lamm Gottes auf der Erde erschien, um sich für unsere Sünden schlachten zu lassen. Diesmal kommt der Herr zum Streit:

„Und ich sah den Himmel geöffnet, und siehe, ein weißes Pferd, und der daraufsaß, heißt der Treue und Wahrhaftige; und mit Gerechtigkeit richtet und streitet er. Seine Augen sind eine Feuerflamme, und auf seinem Haupte sind viele Kronen, und er trägt einen Namen geschrieben, den niemand kennt als nur er selbst. Und er ist angetan mit einem Kleide, das in Blut getaucht ist, und sein Name heißt: ‚Das Wort Gottes.' Und die Heere des Himmels folgten ihm nach auf weißen Pferden und waren angetan mit weißer und reiner Leinwand" (Offenbarung 19, 11-14).

Vergleichen Sie die folgende Beschreibung mit dem Mann, der, die Dornenkrone auf dem Haupt, unter Peitschenhieben sein eigenes Kreuz nach Golgatha trug:

„Und aus seinem Munde geht ein scharfes Schwert, daß er die Heiden damit schlage, und er wird sie mit eisernem Stabe weiden, und er tritt die Weinkelter des grimmigen Zornes des allmächtigen Gottes" (Offenbarung 19, 15).

Es steht ja wohl außer Zweifel, wer an der Spitze jenes himmlischen Heeres reitet:

„Und er trägt an seinem Kleide und an seiner Hüfte den Namen geschrieben: ‚König der Könige und Herr der Herren'" (Offenbarung 19, 16).

Es kommt gar nicht erst zum Kampf. Die Offenbarung beschreibt keine lange Schlacht. Der Antichrist hat sich überschätzt. Er hat nichts mehr zu melden.

Und so sieht der Untergang des Antichristen und seines Komplizen aus:

„Lebendig wurden die beiden in den Feuersee geworfen, der mit Schwefel brennt". So berichtet es uns Johannes (Offenbarung 19, 20).

Und damit endet die kurze Karriere des Mannes, der sich selbst zum Gott erklärte.

7

DAS PROGRAMMIERTE ENDE

Nach bestimmten Bibelstellen zu urteilen, in denen uns die Endzeit beschrieben wird, kann das Ende tatsächlich nicht mehr weit entfernt sein. Sollte man jetzt nicht endlich mit Gott Frieden schließen? Ganz gewiß! Lieber heute als morgen! Lieber heute nachmittag als heute abend!

Die Bibel nennt uns kein genaues Datum für das Ende dieser Welt, und das aus gutem Grund! Sonst würden wir es Ihnen sagen und Sie doch nicht das Nötige unternehmen, um sich den furchtbaren Konsequenzen zu entziehen. Gott besäße dann scheinbar eine Riesenherde von Schafen, blinden Schafen, die ihm nur aus lauter Angst äußerlich gefolgt sind, aber ihm in ihren Herzen feindlich gesinnt bleiben.

„Glaube" heißt der Paß, mit dem wir dem furchtbaren Endzeitgeschehen entfliehen können. Die Bibel will uns zu eben diesem Glauben führen.

Werfen wir nun einen Blick auf den biblischen Zeitplan der endzeitlichen Geschehnisse:

Überblick

Zuerst kommt die Entrückung. Es ist der Augenblick, in dem Jesus Christus unsichtbar für die ihn ablehnende Welt in den Luftraum kommt und seine Gemeinde von der Erde zu sich holt – zuerst die Toten (die Toten in Christus) und danach die Lebenden. Die Gläubigen werden mit ihm

116

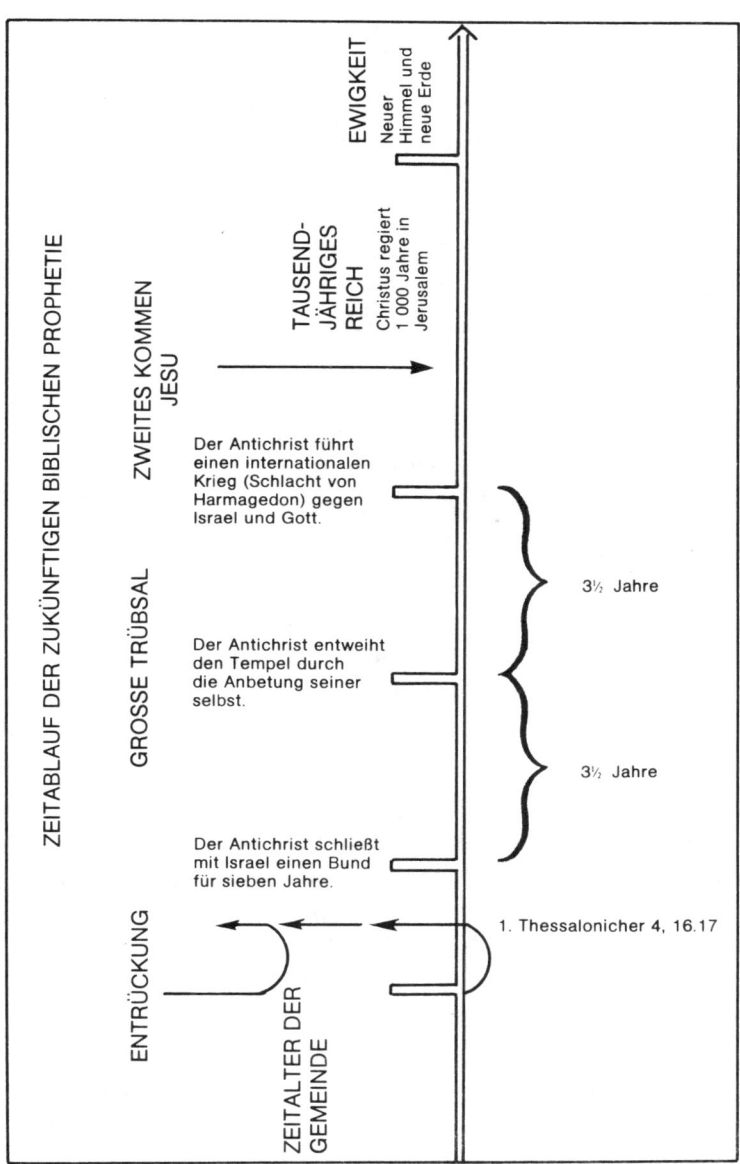

ZEITABLAUF DER ZUKÜNFTIGEN BIBLISCHEN PROPHETIE

ENTRÜCKUNG

ZEITALTER DER GEMEINDE

GROSSE TRÜBSAL

ZWEITES KOMMEN JESU

TAUSEND-JÄHRIGES REICH
Christus regiert 1 000 Jahre in Jerusalem

EWIGKEIT
Neuer Himmel und neue Erde

Der Antichrist schließt mit Israel einen Bund für sieben Jahre.

Der Antichrist entweiht den Tempel durch die Anbetung seiner selbst.

Der Antichrist führt einen internationalen Krieg (Schlacht von Harmagedon) gegen Israel und Gott.

1. Thessalonicher 4, 16.17

3½ Jahre

3½ Jahre

117

gehen und so vor den weiteren Ereignissen bewahrt bleiben.

Es folgt die Große Trübsal. Das sind die sieben Jahre nach Daniels Prophetie, in denen der Antichrist den Tempel in Jerusalem besetzen und sich zum Gott erklären wird. Seine einschmeichelnde Friedenslösung für Israel wird diese sieben Jahre einleiten. Nach dreieinhalb Jahren folgt die Selbstvergottung des Antichristen. Noch weitere dreieinhalb Jahre wird der Antichrist regieren; dann bricht der große Krieg aus.

Als nächster Punkt auf dem göttlichen Programm steht die Schlacht von Harmagedon, der allerletzte Krieg. Dieser Krieg wird so schrecklich sein, daß Jesus sagt, würde er diese Tage nicht verkürzen, gäbe es keinen einzigen Überlebenden. Dies überstieg zwar die Vorstellungskraft seiner Zuhörer, aber wir, die wir im Zeitalter der Megatonnenbomben leben, brauchen unsere Phantasie nicht allzu sehr anzustrengen, um uns einen Krieg auszumalen, in dem unser ganzer Planet vernichtet würde.

Das nächste Ereignis ist die sichtbare Wiederkunft Christi in Herrlichkeit – diesmal nicht als Lamm, sondern als Löwe. Er wird seinen eigenen Tempel errichten und tausend Jahre lang regieren. Es werden die glücklichsten tausend Jahre sein, die die Welt je erlebt hat.

Am Ende dieses Tausendjährigen Reiches erhält Satan eine letzte Gelegenheit, die Menschheit zu verderben, doch es wird ihm nicht gelingen. Das Böse auf Erden wird endgültig vernichtet (Offenbarung 20, 7-10).

Die Zeit, die nun anbricht, nennen wir die Ewigkeit. Zur Ewigkeit gehört ein neuer Himmel, eine neue Erde und ein neues Jerusalem. Die Verwandlungen, die sich hier vollziehen werden, liegen völlig außerhalb unserer Vorstellungskraft. Offenbar werden jedoch in dieser neuen Schöpfung Friede und Herrlichkeit in Ewigkeit sein. Und darin wohnen werden solche, denen Jesus das ewige Leben geschenkt hat.

Die Bibel, in der sämtliche Ereignisse prophezeit sind, mit denen wir uns in diesem Buch befaßt haben, kündigt auch die letztgenannten Geschehnisse an. Auf den nun folgenden Seiten wollen wir noch einmal ausführlich auf sie eingehen:

Die Entrückung

Die Entrückung ist der Augenblick, in dem der Herr Jesus seine Gemeinde – alle Wiedergeborenen – von der Erde zu sich holt. Die Lehre von der Entrückung ist nicht mit menschenfreundlicher Philosophie zu verwechseln, durch die etwa Christen geholfen werden soll, die Leiden dieses irdischen Lebens besser zu ertragen, sondern sie ist eine sehr reale Zusage, die uns der Herr Jesus selbst gegeben hat.

Seine ängstlichen Jünger tröstet Jesus beim letzten Passahmahl:

„Euer Herz erschrecke nicht! Vertrauet auf Gott und vertrauet auf mich! In meines Vaters Hause sind viele Wohnungen . . . Ich gehe hin, euch eine Stätte zu bereiten . . . So komme ich wieder und werde euch zu mir nehmen, auf daß auch ihr seid, wo ich bin" (Johannes 14, 1-3).

Seit jenem Augenblick warten die Christen auf ihren Herrn. Die Entrückung ist das Tor zur ewigen Glückseligkeit, die Jesus allen Gläubigen verheißen hat. Durch sie werden der Gemeinde – der Gemeinschaft der Gläubigen – die verheerenden Katastrophen der Trübsalszeit und von Harmagedon erspart. Sie ist die herrliche Erfüllung für die, die Jesus Christus zu Lebzeiten als Retter und Heiland angenommen haben und ihm im Glauben nachgefolgt sind.

Und was geschieht mit den Christen aus längst vergangener Zeit, die im Glauben auf den Herrn gewartet haben, dann aber gestorben sind?

„Denn das sagen wir euch in einem Worte des Herrn, daß wir, die wir leben und bis zur Wiederkunft des Herrn übrigbleiben, den Entschlafenen nicht zuvorkommen werden; denn er selbst, der Herr, wird, wenn der Befehl ergeht und die Stimme des Erzengels und die Posaune Gottes erschallt, vom Himmel herniederfahren, und die Toten in Christus werden auferstehen zuerst. Darnach werden wir, die wir leben und übrigbleiben, zugleich mit ihnen entrückt werden in Wolken, zur Begegnung mit dem Herrn in die Luft, und also werden wir bei dem Herrn sein allezeit" (1. Thessalonicher 4, 15-17).

1. Korinther 15, 51-55 beschreibt einen interessanten Vorgang. Bei der Auferstehung werden die Leiber der Gläubigen eine Metamorphose – eine geheimnisvolle Umwandlung – durchmachen. Eine ähnliche Verwandlung hat Jesus bei seiner eigenen Auferstehung erlebt. Die leibliche Natur der Gläubigen soll für die Unsterblichkeit zubereitet werden:

„Siehe, ich sage euch ein Geheimnis: Wir werden nicht alle entschlafen, wir werden aber alle verwandelt werden, plötzlich, in einem Augenblick, zur Zeit der letzten Posaune; denn die Posaune wird erschallen, und die Toten werden auferstehen unverweslich, und wir werden verwandelt werden. Denn dieses Verwesliche [das Fleisch] muß anziehen Unverweslichkeit, und dieses Sterbliche [der Leib] muß anziehen Unsterblichkeit . . .

dann wird das Wort erfüllt werden, das geschrieben steht: ,Der Tod ist verschlungen in Sieg! Tod, wo ist dein Stachel? Totenreich, wo ist dein Sieg?'."

So wie Jesus selbst werden die Gläubigen den Tod überwinden.

Es wird also eine Posaune erschallen, der Herr wird wiederkommen, und die Gemeinde wird dem Unheil entrinnen.

In „Alter Planet Erde wohin?" bezeichnet Hal Lindsey die Entrückung als „die letzte Reise". Das ist sie wirklich! Sie ist der einzige Ausweg.

Nach dem göttlichen Zeitplan findet die Entrückung vor der Schändung des Tempels der Großen Trübsal durch den Antichristen statt. Sie muß seiner Selbstvergottung vorausgehen.

Es ist natürlich möglich, daß der Tempel der Großen Trübsal bereits vor der Entrückung gebaut wird.

Schauen wir uns aber Gottes Plan an. Die Weltereignisse scheinen sich wirklich alle auf Harmagedon hin zuzuspitzen. Der Tempelbau ist im Gespräch. Im Nahen Osten schwelt es wie nie zuvor. Rußland hat seine Hand im Spiel, und alle Welt hält förmlich den Atem an. Wäre dies nicht der günstige Augenblick für den Antichristen, hervorzutreten und seine Friedenslösung für den Nahen Osten auf den Tisch zu legen?

Wir wollen es einmal so ausdrücken: Wenn in diesem Augenblick - noch ehe Sie diesen Satz zu Ende gelesen haben - die Entrückung stattfände, wenn innerhalb der nächsten drei Jahre der Tempelplatz geräumt würde und ein neuer Tempel entstünde und in sieben Jahren darauf Harmagedon (der Dritte Weltkrieg) über die Menschheit hereinbräche, würde uns das nicht verwundern.

Das würde bedeuten, daß es bis zum Messianischen Königreich nur noch zehn Jahre sind.

Sind Sie auf eine nur annähernd rasche Entwicklung der Dinge vorbereitet?

Die Große Trübsal

Damit ist die siebenjährige Zeitspanne gemeint, die mit dem Erscheinen des Antichristen auf der weltpolitischen Bühne ihren Anfang nimmt. Zu Beginn wird man in ihm natürlich nicht den Antichristen vermuten. Im Gegenteil, dank seiner genialen Nahost-Friedenslösung und seines insgesamt liebenswürdigen, sympathischen Wesens wird man ihn für einen großen Staatsmann halten. Und vielleicht wird er sich zunächst tatsächlich als ein warmherziger, gütiger Führer erweisen.

Es wird aber nicht lange dauern – genau gesagt dreieinhalb Jahre –, bis ihm seine Macht zu Kopf steigt. Er wird in den Tempel eindringen, dem Speis- und Brandopfer ein Ende setzen und den Anspruch erheben, Preis und Anbetung gebühre allein seiner Person. Danach wird er noch weitere dreieinhalb Jahre bis zur Vollendung der Großen Trübsal praktisch als Alleinherrscher die Welt regieren.

Am Ende erwartet ihn jedoch nicht die Verehrung, die er sich in den Kopf gesetzt hat. Am Ende erwartet ihn Harmagedon.

Die Große Trübsal erstreckt sich also vom ersten Auftreten des Antichristen bis hin zum großen Krieg und umfaßt eine Zeitspanne von sieben Jahren.

Wo hat nun der dritte Tempel seinen Platz in diesem ganzen Plan? Mitten auf seinem berühmten Standort in Jerusalem! Dort muß er stehen, um vom Antichristen entweiht zu werden.

Mit Bedauern hat der Prophet Daniel diese ganze Entwicklung vorausgesehen:

122

„Und man wird vielen den Bund schwer machen eine [Jahr-] Woche lang [sieben Jahre] und mitten in der [Jahr-] Woche Schlacht- und Speisopfer aufhören lassen . . . bis daß sich die bestimmte Vertilgung über die Verwüstung [Harmagedon] ergossen hat" (Daniel 9, 27).

Wie wir bereits gesehen haben, bestätigt Jesus diese Aussage und erteilt einige Ratschläge für diese schreckliche Zeit.

„Wenn ihr nun den Greuel der Verwüstung, von welchem durch den Propheten Daniel geredet worden ist, stehen sehet an heiliger Stätte (wer es liest, der merke darauf!), alsdann fliehe wer in Judäa ist, auf die Berge; wer auf dem Dache ist, der steige nicht hinab, etwas aus seinem Hause zu holen; und wer auf dem Felde ist, der kehre nicht zurück, um sein Kleid zu holen. Denn alsdann wird eine große Trübsal sein, wie von Anfang der Welt an bis jetzt keine gewesen ist und auch keine mehr kommen wird" (Matthäus 24, 15-18.21).

Harmagedon

Es ist wohl nicht nötig, uns mit Einzelheiten über dieses Ereignis aufzuhalten. In früheren Jahrhunderten, als man noch mit Schwertern und Fackeln kämpfte, dürften es die Kommentatoren schwer gehabt haben, den Menschen die Schrecken von Harmagedon in ihrem vollen Umfang klarzumachen. Bibelstellen über „Feuer vom Himmel" hielt man damals für Hinweise auf göttliche Vergeltungsschläge, nicht aber für Napalmbomben und Atomexplosionen. Die Möglichkeit, daß die ganze Welt in einen einzigen Krieg verwickelt werden könnte, wäre selbst den Generationen, die die bisherigen Weltkriege miterlebt haben, unvorstellbar gewesen.

Für die kommende Massenvernichtung wird der Mensch offenbar jedoch die Gesamtheit seiner riesigen, tödlichen Kriegsmaschinerie ins Feld führen. Jesus wird schließlich auf den Schauplatz eilen, denn „wenn jene Tage nicht verkürzt würden, so würde kein Fleisch errettet werden" (Matthäus 24, 22).

Mit Harmagedon endet auch die Geschichte des Tempels der Großen Trübsal. Jerusalem wird zum Schauplatz der furchtbarsten Massenschlachtungen und Greueltaten, bei deren Anblick es selbst einem Nebukadnezar übel würde. Der Tempel muß untergehen. An seine Stelle tritt das bedeutendste Bauwerk, das je auf diesem Planeten gestanden hat: der Tempel des Tausendjährigen Reiches. Der vierte und letzte Tempel Jerusalems wird im wahrsten Sinne des Wortes das Haus des Herrn auf Erden sein. Jesus Christus wird in seinem Tempel wohnen, der natürlich auf dem Berg Morija stehen wird.

Harmagedon liegt nach dem Propheten Sacharja in Israel, dem Brennpunkt des Endzeitgeschehens. Ganz besonders betroffen wird Jerusalem sein. „Da werde ich alle Nationen bei Jerusalem zum Kriege versammeln; und die Stadt wird erobert, die Häuser werden geplündert und die Frauen geschändet werden; und die Hälfte der Stadt muß in die Gefangenschaft wandern" (Sacharja 14, 2).

Wörtlich benannt wird Harmagedon in der Offenbarung als Schauplatz der letzten Schlacht. „Es sind nämlich Geister von Dämonen, welche . . . zu den Königen des ganzen Erdkreises ausziehen, um sie zum Kampf an jenem großen Tage Gottes, des Allmächtigen, zu versammeln. – Und er versammelte sie an den Ort, der auf hebräisch Harmagedon heißt" (Offenbarung 16, 14.16).

„Harmagedon" bezieht sich auf den Berg Megiddo in Israel, auf dem sich zahllose blutige Schlachten abgespielt haben. Von diesem Berg aus erstreckt sich westwärts bis zum Hafen von Haifa ein Tal, das der Prophet Joel das „Tal Josaphat" nennt. Es ist der ideale Austragungsort für die wichtigste Schlacht der Weltgeschichte. Joel macht darüber ganz klare Voraussagen:

„Rufet solches aus unter den Nationen, rüstet euch zum heiligen Krieg! Machet euch auf, ihr Helden! Alle Krieger sollen einrücken und ausziehen! Eilet und kommt herbei, alle Nationen ringsum, und versammelt euch! Dorthin führe, Herr, deine Helden hinab! Die Nationen sollen sich aufmachen und in das Tal Josaphat hinaufziehen! Scharen um Scharen (treffen ein) im Tal der Entscheidung; denn nahe ist der Tag des Herrn im Tale der Entscheidung" (Joel 4, 9.11-12.14).

Die Wiederkunft Christi

Während sich im Tal der Entscheidung die Ereignisse zuspitzen, rückt der Tag des Herrn tatsächlich in unmittelbare Reichweite. Der Mensch verfügt nunmehr über die Möglichkeit, mit einem Schlag – nicht allmählich, wie heute – die gesamte menschliche Rasse zu vernichten. Doch Jesus Christus wird dem zuvorkommen und es verhindern.

Frühere Bibelausleger mußten bei der Schilderung der Wiederkunft Christi viel Phantasie aufbieten, zumal uns die Offenbarung sagt: „Siehe, er kommt mit den Wolken, und jedes Auge wird ihn sehen" (Offenbarung 1, 7).

Wie können ihn alle Augen auf Erden auf einmal sehen?

In der Vorstellungswelt des modernen Menschen einer technisch hochentwickelten Zivilisation liegt eine fesselnde Möglichkeit – Fernsehübertragung über Satelliten. Die Erscheinung Jesu Christi würde tatsächlich auf die Wolken gestrahlt und gleichzeitig für alle Augen sichtbar werden.

Wenn Sie der Meinung wären, Jesu Wiederkunft (sein zweites Kommen) würde live ausgestrahlt, würden Sie Ihren Fernseher dann einschalten?

Doch Jesus Christus wird nicht als eine Fernsehpersönlichkeit auftreten. Er kommt im Gegenteil in schrecklicher Absicht, wie wir gesehen haben. Die Offenbarung schildert den Sieg Jesu Christi über die finsteren Mächte auf dem blutigen Boden von Harmagedon. Johannes schreibt:

> *„Und ich sah den Himmel geöffnet, und siehe, ein weißes Pferd, und der darauf saß, heißt der Treue und Wahrhaftige; und mit Gerechtigkeit richtet und streitet er. Und sein Name heißt: ,Das Wort Gottes' [vgl. Johannes 1, 1.14]. Und er trägt an seinem Kleide und an seiner Hüfte den Namen geschrieben: ,König der Könige und Herr der Herren.' Und ich sah das Tier und die Könige der Erde und ihre Heere versammelt, um Krieg zu führen mit dem, der auf dem Pferde sitzt, und mit seinem Heer"* (Offenbarung 19, 11.13.16.19).

Der Herr Jesus und sein himmlisches Heer („auf weißen Pferden, angetan mit weißer und reiner Leinwand") versetzen den Streitmächten des Antichristen den vernichtenden Schlag. Die Ausdrücke „Feuer und Schwefel" verdanken ihren Ursprung eben dieser Schilderung der letzten Augenblicke von Harmagedon: „Und das Tier wurde ergriffen und mit ihm der falsche Prophet . . . lebendig wurden die beiden in den Feuersee geworfen, der mit Schwefel brennt" (Offenbarung 19, 20).

Auch Sacharja befaßt sich mit diesem Geschehen. Er erwähnt die Tatsache, daß ein Erdbeben den Ölberg spalten wird:

126

„Aber der Herr wird ausziehen und streiten wider jene Nationen . . . Und seine Füße werden an jenem Tage auf dem Ölberg stehen, der vor Jerusalem gegen Morgen liegt; da wird sich der Ölberg in der Mitte spalten, daß es von Sonnenaufgang nach dem Meere hin ein sehr großes Tal geben und die eine Hälfte des Berges nach Norden, die andere nach Süden zurückweichen wird" (Sacharja 14, 3-4).

Auf diese Weise könnte der Tempel der Großen Trübsal zerstört werden. Der Ölberg liegt östlich vom Tempelplatz mit Blick auf den Tempel. Es ist anzunehmen, daß ein so nahes Erdbeben am Tempelplatz ungeheure Schäden anrichten wird.

Das Tausendjährige Reich

Dann, und erst dann, herrscht Friede auf Erden und den Menschen ein Wohlgefallen. Die Menschheit hat ihr Möglichstes getan, sich selbst und ihre Welt zu vernichten. Jesus Christus ist gekommen und hat ihrem Treiben ein Ende gesetzt.

Triumphierend fährt Sacharja fort:

„Und der Herr wird über die ganze Erde König werden. An jenem Tage wird nur ein Herr sein und sein Name nur einer. Und sie werden darin wohnen; und es wird kein Bannfluch mehr sein, und Jerusalem wird sicher wohnen. Und es wird dazu kommen, daß alle Übriggebliebenen von all den Nationen, die gegen Jerusalem gezogen sind, Jahr für Jahr heraufkommen werden, um den König, den Herrn der Heerscharen, anzubeten und das Laubhüttenfest zu feiern" (Sacharja 14, 9.11.16).

Selbst Jesaja, der sich sonst in so düsteren Prophezeiungen ergeht, schildert eine liebliche Idylle des Friedens:

„Da wird der Wolf bei dem Lämmlein wohnen, der Leopard bei dem Böcklein niederliegen. Das Kalb, der junge Löwe und das Mastvieh werden beieinander sein, also daß ein kleiner Knabe sie treiben wird. Die Kuh und die Bärin werden miteinander weiden und ihre Jungen zusammen lagern. Der Löwe wird Stroh fressen wie das Rindvieh. Der Säugling wird spielen am Loch der Otter und der Entwöhnte seine Hand nach der Höhle des Basilisken ausstrecken. Sie werden nicht schaden und nicht verderben auf dem ganzen Berge meines Heiligtums; denn die Erde wird erfüllt mit Erkenntnis des Herrn, wie die Wasser (den Grund) bedecken" (Jesaja 11, 6-9).

Jesaja bestätigt auch die Schau Sacharjas hinsichtlich der weltweiten Anbetung in Jerusalem und des ewigen Friedens:

„Es wird in spätern Zeiten geschehen, daß der Berg des Hauses des Herrn festgegründet an der Spitze der Berge stehen und über alle Höhen erhaben sein wird, und es werden ihm alle Heiden zuströmen; und viele Völker werden hingehen und sagen: Kommt, laßt uns wallen zum Berge des Herrn, zum Hause des Gottes Jakobs ... also daß sie ihre Schwerter zu Pflugscharen und ihre Spieße zu Rebmessern verschmieden werden; kein Volk wird wider das andere ein Schwert erheben, und sie werden den Krieg nicht mehr erlernen" (Jesaja 2, 2-4).

Die Gläubigen, die während der Großen Trübsal den Tod fanden, erhalten jetzt von Jesus Christus einen Platz in diesem neuen Königreich: „Und (ich sah) die Seelen derer, die enthauptet worden waren um des Zeugnisses Jesu und um des Wortes Gottes willen, und die das Tier nicht angebetet hatten . . .lebten und regierten mit Christus tausend Jahre" (Offenbarung 20, 4). Alle anderen, die nicht im Glauben starben, bleiben während der tausend Jahre im Grabe: „Die übrigen der Toten aber lebten nicht, bis die tausend Jahre vollendet waren" (Offenbarung 20, 5).

Während dieser tausendjährigen Zeitspanne – so sagt uns die Bibel – wird Satan ohnmächtig gebunden sein. Danach wird er allerdings noch einmal losgelassen. Er versucht dann sogleich, den Frieden auf Erden wieder zu zerstören. Doch auch er landet schließlich im feurigen Pfuhl.

Jetzt erst erfolgt das berühmte Endgericht (Offenbarung 20, 11-15), in dem alle Ungläubigen, alle, die Jesus als Heiland und Retter ablehnten, den Lohn ihrer Taten und Untaten empfangen. Das Buch des Lebens wird aufgetan, und alle Menschen werden gerichtet. Denen, die nicht im „Verzeichnis der Erlösten" stehen, ergeht es nicht besser als dem Teufel und seinen Kumpanen: „Und wenn jemand nicht im Buche des Lebens eingeschrieben gefunden ward, wurde er in den Feuersee geworfen" (Offenbarung 20, 15).

Die Ewigkeit

Wir kommen zum letzten Kapitel in der Geschichte unserer Schöpfung. In der Ewigkeit erfolgt die Metamorphose – die Verwandlung – der Erde, des Himmels und Jerusalems. Es wird zum Beispiel keine Meere mehr geben:

„Und ich sah einen neuen Himmel und eine neue Erde; denn der erste Himmel und die erste Erde sind vergangen, und das Meer ist nicht mehr. Und ich sah die

heilige Stadt, das neue Jerusalem, aus dem Himmel herabsteigen von Gott, zubereitet wie eine für ihren Mann geschmückte Braut" (Offenbarung 21, 1-2).

„Du hast vormals die Erde gegründet, und die Himmel sind deiner Hände Werk. Sie werden vergehen, du aber bleibst; sie werden wie ein Kleid veralten, wie ein Gewand wirst du sie wechseln, und sie werden verschwinden. Du aber bleibst, der du bist, und deine Jahre nehmen kein Ende!" (Psalm 102, 26-28).

Wird das ein Leben sein!

„Und Gott wird abwischen alle Tränen von ihren Augen, und der Tod wird nicht mehr sein, noch Leid noch Geschrei noch Schmerz wird mehr sein; denn das Erste ist vergangen. Und der auf dem Throne saß, sprach: Siehe, ich mache alles neu! Und er sprach zu mir: Schreibe; denn diese Worte sind gewiß und wahrhaftig!" (Offenbarung 21, 4-5).

Was wird nun aber aus dem Tempelplatz? Gibt es einen neuen Tempel? Sollte jetzt, am Ende der Heilsgeschichte, von Abraham bis zum Ende des Tausendjährigen Reiches, der Gedanke einer auserwählten Stätte und eines auserwählten Tempels achtlos aufgegeben werden?

O nein! In seiner Schau des neuen Jerusalem geht der Apostel Johannes ausdrücklich auf dieses bedeutsame Thema in Gottes Heilsplan ein und widmet ihm ein letztes Wort:

„Und einen Tempel sah ich nicht in ihr [in Jerusalem]; denn der Herr, der allmächtige Gott, ist ihr Tempel, und das Lamm" (Offenbarung 21, 22).

Die Tempel, so kann man es ausdrücken, standen stets

stellvertretend für Gott und seinen Sohn und sind nun durch die persönliche Gegenwart Gottes überflüssig geworden.

Konsequenzen für den Menschen von heute

Die Bedeutung der zeitlichen Reihenfolge der verschiedenen Ereignisse für Sie ist abhängig von Ihrem eigenen Verhältnis zu Gott. Haben Sie Jesus in Ihr Leben aufgenommen, dann warten Sie ganz einfach auf die Entrückkung.

Kennen Sie jedoch Jesus nicht als Ihren Retter, dann achten Sie auf folgende Ereignisse:

1. auf den Bau des Tempels der Großen Trübsal;

2. auf ein geheimnisvolles Verschwinden der Christen – es kann zeitlich vor oder nach dem Bau des Tempels stattfinden;

3. auf das Auftreten des Antichristen;

4. auf die Entweihung des Tempels, die sicherlich im Fernsehen übertragen wird.

5. Dreieinhalb Jahre nach der Tempelentweihung wird Harmagedon fällig sein.

6. Falls Sie zu den Überlebenden von Harmagedon gehören, achten Sie auf das Erscheinen Jesu Christi.

7. Was als nächstes mit Ihnen geschieht, können wir Ihnen nicht genau sagen. Aber ganz unabhängig davon, ob Sie nun eines natürlichen Todes sterben oder zu den Opfern des Dritten Weltkriegs gehören – einen Termin müssen Sie noch einhalten: Sie bekommen nämlich eine Vorladung; Sie werden aufgefordert, am Tag des Gerichts vor dem großen weißen Thron zu erscheinen, wo die ewige Verdammnis auf Sie wartet (Offenbarung 20, 11-15).

8

DIE WAHRHEIT WIRD EUCH FREIMACHEN

Als Jesus Christus von Pontius Pilatus verhört wurde, stellte ihm dieser eine Frage, die die Menschheit seit jeher beschäftigt hat.

Jesus hatte sich vor seinem irdischen Richter ausgewiesen und bezeugt:

„Ich bin dazu geboren und dazu in die Welt gekommen, daß ich der Wahrheit Zeugnis gebe; jeder, der aus der Wahrheit ist, hört meine Stimme" (Johannes 18, 37).

Pilatus, dem es schwerfiel, in diesem sanftmütigen jungen Prediger eine Gefahr für den Staat zu sehen, fragte daraufhin den Herrn: „Was ist Wahrheit?"

Wir sind heute dem Pilatus gegenüber im Vorteil. Wir besitzen die Bibel und zahlreiche Geschichtsbücher. Wir können die biblische Prophetie und die Geschichte miteinander vergleichen und daraus deutlich erkennen, was wahr ist. Unser ungeheurer Vorteil besteht darin, daß wir heute an vielen Beispielen sehen können – wenn wir nur wollen –, wie sich die biblische Prophetie erfüllt. Das war zur Zeit des Pilatus noch nicht möglich. Wir wissen beispielsweise, daß die biblische Prophetie über die Zerstörung des zweiten Tempels genau eingetroffen ist und erleben heute die Sammlung Israels – ebenfalls eine Erfüllung biblischer Voraussagen.

Es wäre allerdings nicht die Art des Pilatus gewesen, sich mit alttestamentlicher Prophetie zu beschäftigen. Ein

Mann, der es zu einer solch angesehenen Position in der römischen Hierarchie gebracht hatte, kümmerte sich gewiß mehr um irdische als um himmlische Angelegenheiten. Daran hat sich bis heute kaum etwas geändert.

Der intellektuelle Zweifler unserer Tage ist der biblischen Wahrheit gegenüber genauso gleichgültig wie Pilatus damals, als der Sohn Gottes vor ihm stand. Seitdem hat zwar die Welt auf technischem Gebiet ungeheure Fortschritte gemacht, in bezug auf „die Wahrheit" jedoch ist die Menschheit keinen Schritt weitergekommen. Auch heute stellen viele noch genauso selbstherrlich die Frage: Was ist Wahrheit?

Sie wollen nicht die Wahrheit über die Unmenschlichkeit des Menschen seinem Nächsten gegenüber wissen. Auch nicht die Wahrheit über seine immer schrecklicher werdenden Kriege oder gar die Wahrheit über das Ende der Welt.

In diesem Buch haben wir uns bemüht, auf die Wahrheit, die jedermann leicht erkennen kann, hinzuweisen. Wir haben die Bibel zu Wort kommen lassen; wir haben die Zuverlässigkeit und Exaktheit Jahrtausende alter biblischer Prophezeiungen dargelegt, die Aussagen der biblischen Schreiber, die nicht selten in weit auseinanderliegenden Jahrhunderten lebten, miteinander verglichen und die wunderbare Übereinstimmung ihrer Weissagungen festgestellt. Wir haben die außergewöhnliche Geschichte des Tempelplatzes in Jerusalem durch die Bibel hindurch verfolgt und gezeigt, daß sich das Wort Gottes bis in unsere Zeit hinein als unumstößliche Wahrheit erwiesen hat.

Wir sehen keinen Grund, weshalb die Wahrheit des göttlichen Wortes heute auf einmal nicht mehr gelten und die noch ausstehenden Verheißungen nicht genauso exakt und unumstößlich in Erfüllung gehen sollten wie die bisher erfüllten Verheißungen.

Seit der Rückeroberung des Tempelplatzes durch die Juden im Sechs-Tage-Krieg des Jahres 1967 ist die Welt in zwei Lager gespalten: Das eine Lager glaubt Gott und seinen Verheißungen, das andere nicht. Diese beiden Lager hat es zwar im Verborgenen schon immer gegeben, aber heute stehen sie sich offen gegenüber. Heute steht dem Bau des Tempels der Großen Trübsal nichts mehr entgegen, und der Antichrist kann bereits auf der weltpolitischen Bühne eine Rolle spielen, ohne daß wir es wissen.

Heute können wir mit unseren eigenen Augen beobachten, wie sich Gottes Plan Schritt für Schritt erfüllt.

Alle diejenigen, die Jesus Christus und sein Wort ablehnen, werden es nicht einsehen können, daß die Welt heute in diese beiden Lager gespalten ist.

Wir haben heute dieselbe Möglichkeit, uns für oder gegen Jesus Christus zu entscheiden wie Pilatus, weil wir der Wahrheit, nämlich der Erfüllung von Gottes Verheißungen in unseren Tagen, ins Gesicht sehen können.

Obwohl die Wahrheit so offensichtlich vor aller Augen liegt, werden wir leider nicht erwarten können, daß die ganze Welt umkehrt und Buße tut. Es werden immer nur wenige sein. Selbst während der letzte Akt abläuft, werden viele das Schauspiel ungläubig verfolgen. Die Menschen werden auch dann nicht Gott und seinem Wort Glauben schenken, wenn das Fundament für den Tempel der Großen Trübsal gelegt wird; sie werden Gott und seinem Wort nicht glauben, wenn der Antichrist hervortreten, den Tempel schänden und Harmagedon heraufbeschwören wird.

Jesus Christus wird zu dieser Entscheidungsschlacht in eine Welt zurückkommen, die nicht glauben will und auch nicht mehr glauben kann.

Wie tragisch! Unser Herr, der für die Erlösung der

ganzen Welt am Kreuz verbluten mußte, wird bei dieser Rückkehr Menschen vorfinden, die sogar seiner Wiederkunft gleichgültig gegenüberstehen.

Die Gewißheit des ewigen Lebens

Die Gläubigen haben eine ungeheure Aufgabe zu bewältigen. Die Welt als Ganzes kann nicht gerettet werden. Aber einzelne werden sich herausrufen lassen. Noch immer kann jeder für sich das Wort in Anspruch nehmen. „Der Herr . . . will nicht, daß jemand verloren gehe, sondern daß jedermann Raum zur Buße habe" (2. Petrus 3, 9).

Heute ist der Auftrag der Gläubigen, als Arbeiter in die Erntefelder Gottes auszuziehen, dringlicher als je zuvor. Seit der Zeit der Apostel sind die Herzen der Menschen nicht zugänglicher geworden, aber die Zeit, die uns zur Verfügung steht, wird immer kürzer. Alle verfügbaren Verbreitungsmittel – Funk, Fernsehen, Presse, Buch, Schallplatte und dergleichen mehr – müssen eingesetzt werden, um der ungläubigen Welt die Wahrheit zu verkündigen.

Besonders wichtig in dieser untergehenden Welt ist das persönliche Zeugnis von Mann zu Mann, wie es uns Jesus Christus vorgelebt hat.

Wenn Sie noch kein Christ sind, gibt es heute noch eine Chance für Sie. Kommen Sie jetzt zu Gott! Er wartet auf Sie! „Siehe, ich stehe vor der Tür und klopfe an" (Offenbarung 3, 20).

Wenn dieses Buch irgendwelche Fragen in Ihnen wachgerufen haben sollte, gehen Sie ihnen nach. Untersuchen Sie die Prophetien. Forschen Sie in der Schrift! Achten Sie in den Zeitungen auf Ereignisse, die auf die Entwicklung des Heilsplans Gottes hindeuten.

Fällen Sie kein voreiliges Urteil über dieses Buch. Tun Sie es nicht einfach ab. Denken Sie an den Prozeß gegen Jeremia! Man hielt ihn für einen Phantasten.

Gott sein Herz auszuschütten, ist einfach. Es ist natürlich – die natürlichste Sache der Welt! Dies liegt ja schließlich im Plan des Schöpfers unseres Universums. Reden Sie mit Gott in Ihren eigenen Worten und Gedanken; er kennt Sie, er hört Sie!

Warten Sie nicht solange, bis der Tempel gebaut wird. Vergessen Sie nicht, daß die Entrückung jeden Augenblick eintreten kann. Der Entrückung der Kinder Gottes steht heute nichts mehr im Weg.

Sobald Sie gerettet sind – sobald Sie Ihr Leben mit Gott ins reine gebracht haben –, machen Sie sich an die Erntearbeit! Helfen Sie Ihren Freunden und Nachbarn, dem kommenden Unglück zu entrinnen. Werden Sie ein Zeuge Jesu! Er wird Sie gebrauchen, wenn Sie sich gebrauchen lassen, denn er hat gesagt: „Gehet hin und machet zu Jüngern alle Völker . . ." (Matthäus 28, 19).

Beten Sie für diejenigen Menschen, die Ihnen Gott zeigen wird. Beten Sie mit uns das folgende Gebet:

„Lieber Vater im Himmel, du bist gnädig, aber auch gerecht. Du hast uns dein Wort gegeben. Wir haben es angenommen.

Durch den Opfertod deines lieben Sohnes hast du unsere Sünden gesühnt, Jesu Gerechtigkeit ist unsere Gerechtigkeit geworden. Wir bitten dich für alle, die noch immer ihre eigenen Wege gehen und deine wunderbare Vergebung nicht annehmen wollen. Gib uns Kraft und Gnade, daß wir dich den Menschen bezeugen und die Zeit auskaufen, bis du wiederkommst.

Herr, hab Dank für das ewige Leben, das du uns gegeben hast. Wir warten auf dein Kommen. Komme bald, Herr Jesus! Amen."